河出文庫

蝶ネクタイ先生の飲み食い談義

高橋義孝

河出書房新社

蝶ネクタイ先生の飲み食い談義

◉目次

蝶ネクタイ先生の飲み食い談義

心太・ラムネ・氷水

心太と書いて「ところてん」と訓《よ》む。心太がどうしてところてんになるのか、私は知らない。知らないけれども、心太とあればところてんと訓むのは、昔からそうなっているので仕方がない。

暫《しばら》く忘れていた。それに子供の時分だって、心太はそう滅多に口には入らなかった。一寸《ちよつと》気になるので書くが、そう滅多にという言い方は、考えてみれば可笑《おか》しな言い方だが、昔から何となくこういう言い方をしているので、これも今さらどうにもならない。ところでそのところてんだが、なぜそう滅多に口には入らなかったかというと、親が許してくれなかった。汚いとか下司の食べものだとか言って、自分一人で食べることなど思いも寄らなかった。ところてんを売る店も駄菓子屋や何かなので、それもあって親が許さなかったのだろうか。そういう親だって決してお公卿さんや何かではなかったのだが。

それで、ふっつりと心太のことは忘れていたが、戦争が終って暫くして、埼玉の松山の岩殿山へ登って、茶店の座敷で休んでいたら、ところてんありますという貼り札が目に入って、まるで小学校時代の同級生に何年ぶりかで出会ったように懐かしく、そのところてんを注文した。丁度その頃、下谷の飲み屋の樽の椅子に腰をかけて、まず一杯と構えたところへ、お通しにところてんが出た。酢醤油に練芥子《ねりがらし》を添え、青海苔の揉んだのが振りかけてあった。子供の時分には黒蜜をかけたのを食べたが、お坊様御成人遊ばした今は酢醤油で、これを肴にきこし召す。何と言うことはない、口に入れて、噛むまでもなく、つるりと喉へ落ちる。ひたすらなる脇役で、酒を引立てる以外に能がない。市川団蔵みたいに消えてなくなられては困る。今のうちに声を大にして心太、ところてんと叫んで置く。それでも、どこへ行けば買えるのかしら、ラムネだってそうで、飲みたいけれど買えない。ラムネが清涼飲料水の王者であることは案外知られていないが、君看よ、あの甘さといい、舌への刺戟といい、一本の分量といい何とも言われない位取りを持っているではないか。ただ一寸困るのは、木のシャッポみたいな栓抜きで、瓶の中のビー玉を落す時に、どうしても少し中のラムネが噴き出て手にかかって、その手があとでべとべとする。あれはコップに移して飲んだのでは趣きが少い。中の玉で瓶の口を詰まらせないように、玉をだましだまして瓶を傾けるところに味わいがある。

ラムネは氷水にかけてもよろしい。氷水とは、跨線橋のような鰹節かきに似た氷削り台の下に、底の浅い硝子の灰皿に脚をつけたような容器を受けて、上で氷をがりがりとかいて高い山に盛る。容器には予め蜜が、ほんとに小さなブリキの柄杓で一杯入れてある。その中へ氷の山が築かれて行く。氷水は五銭である。ほかのたねものは大体拾銭である。何とかコーラだの、エンヤ・コーラだの、いくら出てきたって到底この五銭の氷水にかなうものではない。東京の夏は氷水である。

ところがその氷水、またの名をただ水《すい》というが、それが近年次第に姿を見せなくなった。匙は極薄のアルミ、一寸強く押すと、くにゃりと曲ってしまう。あの、もう初めから世をはかなんでいるようなアルミの匙で、掌で氷の山を一寸固めたその山を崩して口に入れる。氷水はいかにも東京風のエア・コンディショナーだったのだ。今にしてそう合点する。

ところてん、ラムネ、氷水、どの役者の顔を見ても、何だかみんなははなはだ頼りない。あなた任せの風任せ、唯これ命《めい》というような風情である。しかし安心し給え、己がついてるぞ。

秋茄子・さんま・新芋

沢山食べられるものは、大抵これはうまいというものではなく、又、これはうまいと感じ入るものは総じて沢山は食べられないというところに、食べ物とうまさの関係にまつわる逆説的な事情がある。

秋茄子《なす》にしたってそうで、せいぜい二つか三つ、もしこれを十も二十も食べたなんて人がいたら、思わず顔を見てしまうだろう。

以前、夏、米沢へ行って、拇指《おやゆび》の先ほどの大きさの茄子をうんと貰って帰ってきて、自分で樽に塩漬にしたが、なにせ夏分、量も多すぎたか、少し経つうちにどれも茶褐色になって、食べられなくなってしまった。茄子の塩漬はたしかにうまいが、何かそこに一つ足りないものがあるような気がする。

秋口に出廻る小ぶりの、いわゆる秋茄子を糠《ぬか》味噌に漬けたのはうまい。むろん色よく漬け上ったのでないといけない。どういうものか、茄子の皮の茶色になったのは実にいやなもので、茶色という色があんな不愉快な感じを与えるのは蓋《けだ》しこの茄子においてのみであろう。春先といい、夏場という。秋口といい冬場という。先と口と、場と、どうしてこういう風に言葉を使い分けるのかと考えてみたら、春と秋は季節としては過渡の季節で、従って短く、夏と冬とは飽きがくるほど永く続くので、場というような一種の拡がりを意味する言葉を使い、春と秋とには「もうすぐ終ってしまいます」という気持が先だの口だのという言葉を使わせるのだろうと合点した。

その秋口の、姿もやさしく小さな、濃紫《こむらさき》に漬け上がった茄子を肴《さかな》に一杯やるのはよろしい。むろんおしたじもかける。ああいう茄子の南限はどこなのだろうか。九州辺の地の茄子は怒った河豚《ふぐ》みたいで、さしずめ茄子の相撲取りである。山高きが故に尊からず、茄子太きが故にうまからず。

白状すると、魚ッ嫌い、進んで魚を喰おうとは思わぬ。さんまだってそうで、さんまが喰いたい、よきに計え、などと女房に命じたことはない。それでも、秋になりゃさんまというトポスがある以上、そしてトポスは短命な人間よりもずっと永生きしているのだから、秋になれば、さんまの身を箸ですいと捌《さば》いて、おろしと醬油で食べる。まずくはない。ひどくうまいとも思わない。近年さんまに徳島のすだちが実によく合うことを知った。

さんまはさんまそのものよりも、焼く時の、あの濛々《もうもう》たる煙がいい。さんまを焼いて、煙を立てて、それでもうさんまそのものは食べなくったって差支えない。あの煙を見れば、ああ秋になったな、秋は来ぬ。しかし文明は季節を破壊しつつある。「逝く春やおもたき琵琶の抱きごゝろ」で、さんまを喰ったんじゃ逝く春が泣き、蕪村が泣き、さんまも泣く。

　さてどんじりに控えしは新芋です。新芋といっても薩摩薯《さつまいも》ではなくて、里芋の新芋である。紫がかった赤の、人間の指ほどの薩摩薯の新《しん》が台所《だいどこ》の隅にあるのを見るのはいい。あれは鑑賞用でこそあれ、食べるものではあるまいとかねて思っている。

　新芋の煮たのを料理屋で食べると、芋に色がつかないように煮てあるのが普通で、味も複雑である。料理の道のしきたりとして、姿よく庖丁が使ってある。あれはあれでいい、けれど、素人のうちで煮たのには、またそれなりの味がある。むろん醤油と砂糖を使うから、色の濃いぬめりの煮汁の中に、ぶきっちょにむかれたお芋の小さいのが、やはり相当に色黒々ところがっている。上に、おろし金でおろした柚子《ゆず》の皮の青い微かな粒をはらりとかける。

　柚子のかけ方を、ある小料理屋で見ていたら、菜箸でおろし金の上を、まるでウクレレの絃を指先ではじくような気味合いで、二、三度ざらり、ざらり。それでもういい。

　衣被《きぬかつぎ》は秋の季題になっているが、冬が去って春がきて、むろに納《しま》ってあった種芋を出して、それを皮ごとゆでて塩をつけて食べる春先にこそ、この衣被という言葉が何となくぴったりする。誰だい、Phimose にさも似たりなんていうのは。でも、そんな形に皮を切って出す料理屋もある。

先日、眼鏡をかけずに酒を飲んでいて（眼鏡は文字を見る時以外にはかけないのだが）一度皿に棄てた、その里芋の毛の生えた皮を、目がよく見えないものだから、何か肴かと思って、口に入れて、慌ててほき出した。

おでん・燗酒・うどんかけ

おでんのことを関西では関東煮《かんとうだき》という。土佐の高知の播磨屋橋《はりまやばし》近くの、どぶ川にかかった小さな木橋のたもとに、これまた吹けば吹ッ飛ぶようなおでん屋があって、そこで蒟蒻《こんにゃく》のおでんを肴によく酒を飲んだ。蒟蒻は田舎蒟蒻で、ぶつぶつぷりぷりした色の浅黒いやつである。材料の精選された、色白の、近頃東京のおでん屋で使っているのより、そういう田舎蒟蒻の方が食べてはうまい。

とはいえ、一串三銭か四銭ぐらいだったから（蒟蒻のおでんが一串というと腑に落ちない向きもあるかと思うが、厚さ三、四分ぐらいの三角に切ったのを二枚一串に刺してあった）、それに酒も拾銭か弐拾銭ぐらいで（よく憶えていないが）、どの道上等なうちではないから、味つけなんかも今から思えば至極お粗末だったのだろうが、その蒟蒻のおでんが高等学校の生徒だった私にはおいしかった。お金があれば、桂小五郎、そういう橋のたもとに屯《たむろ》することもないのだが、お金のない方が普通の状態なので、蒟蒻づき合いが永く続いた。

その後、おでんを食べて、ああうまいと思ったことはない。ただ毎度ありがたいと思うのは、おでん屋の芥子《からし》である。素人のうちでは芥子の扱いに困る。おでん屋は芥子が必需品だから、いつも丁度いい加減の練り工合の、鼻へつんとくるよく効くのが置いてあって、芥子だけはおでん屋に限ると毎度のことながら感心する。

ところで、茹玉子の、白身の皮が茶色になったのはおいしい。白身の皮にだし汁が浸み込んでいる。その皮だけを食べるのであって、中の黄身は食べなくてもいい。黄身は、食べると噎《む》せそうになって工合がわるいものだ。けれども白身の皮が茶色になっているような玉子は一鍋の中にそう沢山はない。また沢山あったからといって、白身ばかり食べて、皿に黄身の山を築くというのも何だか変てこりんである。

「竹輪麩《ちくわぶ》を喰わなくっちゃ。こいつは江戸ッ子の喰いものだよ」と、誰かがそばで言っているのを聞いたことがあるが、果して然るや否や。なるほど食べ出があるが、歯の裏ににちゃにちゃくっついて気持が悪いし、またうどん粉の味ばかりして、そううまいものじゃない。ただすしの赤貝のように、芥子が滅法よく効くので、芥子を味わうには竹輪麩に若《し》くものはない。

さて、どうして「おでん燗酒《かんざけ》」と一口に言うのだろうか。そして燗酒とは本来どういう酒のことを言ったものだろうか。ただ燗をした酒というほどの意味で、チロリで飲もうと、銚子で飲もうと構わないのであろうか。けれども店を構えたおでん屋の、銅《あか》の鍋の前に神輿《みこし》を据えて、おでんを肴に一杯やっているというのでは、「おでん燗酒」という言葉の、何かうらぶれて伝法な味が出てこないようである。これはやはり屋台だろう。夜など、もう冷たい風が吹く頃に、屋台に首を突込んで、湯気の向うに屋台の上さんや亭主の顔を見ながら、何となくせわしなく――というのが「おでん燗酒」らしく思われる。そのあとで、茶めしでとどめを刺すというのが寸法だろうか。となると、酒飲みには異議がある。

うどんかけは、ただ何となく語呂の上からおでん燗酒にくっついて出てきてしまったので、出てきてしまったものを今さら押し戻すこともならないから、うどんかけはおでんとも燗酒ともさしたる縁はなけれども、ここに居て貰うことにする。

東京の人間だったら、夏冬を問わずにもりだろう。うどんは元来関西のもので、事実また上方のうどんの方がずっとうまい。しかし関東の、色の濃い醤油を使ったうどんかけにもそれなりの味はあり、下町の商家なんかで、お昼の支度が面倒だというので、よくうどんかけを持ってこさせる。私は、安物の漆塗の浅い木の蓋を取った瞬間、ぷんと鼻を衝《つ》くあの匂いが好きだ。だし汁と、うどんそのものの匂いと、それから漆の匂いがまじっている。それがうどんかけというものではあるまいか。

うどんかけを取り寄せて（一つでは悪いから、二つ取って）、うちで鍋にあけて、調味料をあれこれと叩き込んで、卵のといたのをぱらりと振り掛けて少々煮込んで食べてもみるが、だめだ。味がいたずらにしつこくなって、うどんがふにゃふにゃになって、全体がうまくも何ともない。

やはり、「へい、お待ち遠」と来たのを受けて、例の蓋をそっと取って割箸を割り、小皿の葱と七色唐芥子《なないろとんがらし》をざらりと入れて、するする――これがうどんかけである。懐石料理がむろんそれだが、総じて喰い物には、それを食べるリズムあるいはテムポがあって、それをはずすと情ないことになる。たというどんかけだってばかにならない。

浅漬・天丼・チャンコ鍋

何も浅漬と天丼とチャンコ鍋の同族性を立証しようとして、こう並べ立てたのではない。季節の漬けものの浅漬という言葉につれて、何とはなしに天丼が出てきて、浅漬、天丼と並んだところへ、これまた全然何らの必然性もなくチャンコ鍋が飛び出してきたので、まさに他意なしの見本のようなものである。

べったら漬とは言わず浅漬と言うのだそうで、べったらは浅漬を売る市《いち》の名で、べったら市で浅漬を売るので、浅漬は浅漬である。

臭いもの必ずしもうまからず（たとえば大便を想起せられよ）、しかしうまいものの中には臭いものがある。琵琶湖の鮒ずし、西洋のチーズ、それからこの屁臭を帯びた浅漬。全く浅漬を食べている人のそばにいると、屁のような匂いがする。自分も一緒に食べれば、この匂いは問題にならないが。匂いはそれでいいとして、当節の浅漬は食べたあと、口の中に変な甘味が残っていけない。浅漬も恐らく日本酒に調子を合わせようとしているのであろうか。どうして近頃はこう甘ッたるいものばかりが流行するのか。小さな声で言うのだが、何から何までが女子供に調子を合わせているように思われてならない。ちったあ男の舌のことも考えてくれと言いたい。

よく行くすし屋で、この頃になると、「ちょっとどうです」と言って、浅漬の分厚く切ったのをすしの合い間に出してくれる。すしの口直しに浅漬というのも変なものだが、案外工合がいい。尤《もっと》も浅漬を伊勢沢庵のひねたのと同じように薄々と切ったのでは味が出ない。羊羹と浅漬は厚々と切らないといけないらしい。但し鱲《からすみ》は値が張るので、けちけちして薄く切るまでの話で、あれも厚く切った方がうまい。これは実験済みである。

浅漬は醬油をかけた方が味が複雑になるような気がする。梅干もそれで、醬油が意外に合う。旅行先の宴会で、碌に御飯が食べられないので、予《あらかじ》め寝床の枕許に、塩で小さく結んだお結びを三つ、それに梅干を添えて、とその夜の宿の女中さんに頼んで置くことがあるが、注文通りのものが置いてあったためしがない。海苔でお結びをくるんだり、梅干を結び込んだり、別になっているかと思うと、朝出てくる堅い小梅だったりで。

近年天ぷらはまずくなった。上品になったからである。天ぷらではなくて、金ぷらである。衣の色がわるい。その気取った金ぷらをごはんの上にのせられたって、天丼という感じは出ない。第一、丼を使わないうちがふえてきた。鰻重というやつに使う塗り物の重箱の片割れみたいのに御飯を敷いてその上に金ぷらが載って出てくる。

それがいやで、どこでもいい、眼にふれたそば屋に飛び込んで、威勢よく「上天丼」と注文すると、なるほど衣の色は注文通りだが、衣ばかりで、えびの所在の覚束ないようなのが上に載っている。時によると、つゆがチェリーのようにぷりん、ぷりんしていることもある。やはり天丼は飯を喰うものであろうか。たっぷりつゆのかかった飯の、どこか一寸油臭いのは、いかにも天丼である。丼の蓋を取るとき、糸尻に油がついていて、指先がにちゃりとすることがある。もがもがやっている横を出前持ちが出たり入ったり、とこなくては天丼ではない。天丼というやつ、案外舞台装置が要るようだ。

天丼からチャンコ鍋へは、いかにも移り行きがわるい。取ってつけたと言いたいが、取ってつけることとさえしかねる。さて相撲取りがごそごそやって天丼を作ると、これは天丼ではなくて、歴とした「チャンコ料理」である。つまりチャンコ番が作ればトンカツであろうと天丼であろうと、すべて「チャンコ料理」であり、チャンコ鍋はそのチャンコ料理の一種にすぎないというのである。チャンコ料理の定義には諸説があって定説を得るに至っていないが、今紹介したのが恐らく穏当なチャンコ定義らしい。チャンコはチャン、お父ッちゃんのチャンで、コは愛称または縮小の接尾語であろう。そこで料理番のお父ッちゃんの作る料理がチャンコ料理ということになるらしい。

チャンコ鍋には煮喰いとちりがある。煮喰いには鶏肉を使い、ちりには白身の魚を使う。白身の魚といっても鱈だけはいけないらしい。なぜ鱈が嫌われるのか、知らない。𩺊《あら》が一番歓迎される。𩺊の肉は一寸鶏に似ている。ぷりぷりと締まって、うまい。東京には𩺊のチャンコ鍋を喰わせるうちがある。しかしチャンコ鍋は相撲取りと一緒に食べて初めて本当の味になる。そういう時は、ビールも丼に注いでごぼごぼと飲む。チャンコが終ると、一時、二時、昼からの酒で、あとの始末がわるいのがこのチャンコ鍋である。

鉄ッちり・蒲焼・山の芋

四分の一世紀も前の話になるが、東横線の府立高等前駅から柿ノ木坂へ向かって行くと、新しく出来た幅の広い道を横切ることになるが、その新道を左へ切れて四、五間行ったところに鰻屋があって、もう食べるものも碌になかった当時、昼食時に立派な鰻丼を喰わせてくれた。浅茅ヶ原に行き暮れて、心細さのいや増す旅人の目の前に、突如として金殿玉楼が現出したというような鰻丼だった。当時私はその近くの府立高等学校に勤めていた。鰻丼を発見したのは、この時も同僚の道遊山人石川道雄であった。この時も、というのは、この石川さんという人には発見発明の才があって、うまい喰いものを探し出すことにかけてはその右に出ずる者がなかった。

嗟乎《ああ》かのウナドンのうまかりしことよ。その後絶えてあんなにうまい鰻は——いや、ある、ある。麴町の穐茂《あきも》登《と》の鰻がある。内田百閒先生のお宅で御馳走になった蒲焼が何ともおいしいので、伺ったら、その麴町の穐茂登の鰻だということで、それ以来、鰻は穐茂登一辺倒とは相成った。

　全くこの鰻というやつ、ピンからキリまであって、油断も隙もあったものじゃない。行き当りばったりに喰って、うまいと思うことは滅多にない。だからこの頃は、ふりの客じゃないがふりの鰻は敬遠する。まずい鰻を喰わされると、どういうものか鰻に限っては、ただまずいでは済まされない、積極的にまずいのである。またこれほど人に保守的姿勢を強いる喰いものもあるまい。私は関東風に料理した鰻しかうまいと思わない。大阪、九州の鰻など真平である。

狂言『成上り者』中に「山の芋が鰻になるも一定でござる」とあるように、山ノ芋ガ鰻ニナルの縁で、山の芋に出て貰う。

　八百屋さんの店先に並んでいる、人間の手のような「とろろ芋」(あれは大和芋と言うのであろうか)、八頭《やつがしら》のようにぶきっちょに丸い山の芋、機嫌を損ねた午蒡《ごぼう》のような自然薯、これら三種類の芋をひっくるめて山の芋と呼んでいいか、どうか、知らないが、面倒臭いから山の芋にする。私の好みから申さば、二番目の、八頭のような山の芋が一番うまい、人間の手の平のようなのは、ふわふわとして頼りなく、自然薯は色飽くまでも浅黒く、あくが強く、腰も強い。前者と後者とを合わせて二で割ると、八頭のようなのが出てくる。

　だし汁で喰うか、生醬油に山葵《わさび》で喰うか。それとも月見、山かけ、麦とろと行くか。どれもいい、どれにも独自のよさがあるが、山かけ、麦とろは素人のうちの台所《だいどこ》では扱いかねるから、酒の肴には結局、生醤油に山葵というところに落着いてしまう。擂鉢で擂ったやつを小鉢に盛りつけるのを見ていたら、箸を二本使って、その二本をくるくると交互に廻して擂鉢の中の芋をすくい上げる。あれはどういう意味なのだろうか。

下し金、アルミのじゃ気が利かないと思っていたら、あるうちで一杯やっていた時、そこのあるじが本職の使うやつを一枚贈ってくれた。表と裏とでは目の荒さが違う。「これで指をやりますと、庖丁で切った時よりも始末が悪うございますから、お気をつけになって」と言われて、後生大事にうちへ持って帰ってきた。銅《あか》で、表面に錫が張ってある。卵焼用の四角な鍋と同じ拵えである。

ただし鉄《て》ッちりの鉄は、金属とは無関係の鉄、鉄砲の鉄である。御承知の通り、鉄砲の玉に当る、河豚《ふぐ》の毒に当るで、河豚を鉄砲の玉に見立て、それにちり鍋のちりがくっついて鉄《て》ッちりである。鉄っちりはテッチリとは読まない、テッチリである。

「さっきから見てると、春菊ばかり喰ってるようだね、えッへへ」

初めて河豚を喰ったのは、昭和五年ぐらいだったろうか、叔父が浅草の河豚屋へ引張って行って食べさせてくれたが、こっちはおっかなびっくりで、鍋の中を引ッ掻き廻しちゃ春菊ばかりすくい上げてるもんだから叔父にこうからかわれた。

九州博多では、今さらという気がして、河豚を喰う気が起らない。それに玄海の河豚は、内海ものより味が荒っぽいような気がする。

鰭酒《ひれざけ》、白子《しらこ》、菊作りと、河豚はちりばかりではないにしても、その昔、これが河豚か、己は今河豚を喰ってるんだぞと、変に力んで食べていた頃の感激は既になく、河豚は喰うものじゃなくて、提灯にするもんだなどと近頃は思っている。

鰻の季は夏、山の芋は秋、河豚は冬、養殖、栽培が盛んになって、天然ものの旬《しゅん》ということがなくなってしまった。餓鬼道にも民主主義が滲透し始めたからだ。

ラーメン・カツレツ・ライスカレー

食べものは、最初に食べて、うまいと感じたものが一生を通じて渝《かわ》ることなくうまい。だから、最初が肝腎なのだが、その最初というのは大抵五ツか六ツか、あるいは小学生、中学生の頃だから、世間の大人たちがうまいものとしているようなものが口に入るわけはない。ありきたりの、どこにでも転っているようなもの、しかもそれを生れて初めて食べる、そしてそれがうまいと感じたら運の尽き、一生涯その手のものが「うまい」ということになる。

今でいうラーメン、昔の支那そば、これを初めて食べたのは、中学校の二年生か三年生の頃だった。むろんうちで食べたのではなく、学校の先生と親の目を盗んで、少し不良ぶっている友だちと、下谷の金杉、入谷辺の細い横丁の、店の前に斜めにどぶ板を渡し、硝子戸の開きのわるい、支那料理と白く染め抜いた薄よごれたのれんの下がっている汚らしいうちで生れて初めての支那そばを食べた。お汁も、鶏のがらで充分にだしを取ったというようなものではない。味つけは醤油一式で、ただからい。支那竹がそばの上に二切れ、三切れ載っているだけの代物である。その支那そばがうまかった。だから、今でもそういう支那そばが私にはうまい。

一寸した中華料理店では、味もずっと微妙な、そばも細く見事に打って口当りのいいラーメンは食べられても、あの昔のような、どこまでが日本で、どこからが支那だか曖昧な支那そばに出会うということはない。深夜の路傍の屋台へでも首を突込めば、ひょっとまだああいう古風なのにお目にかかれるかも知れないが、五十三歳、それもしかねる。第一、あの哨吶《チャルメラ》を鳴らして屋台を引張ってくる支那そば屋さんは東京からは姿を消してしまったようだ。

またああいう屋台で、蒸《ふ》かし立ての熱さとソースだけで食べさせる焼売がうまかった。肉なんか入ってはいない。何のことはない、メリケン粉の団子なのだが、どこかこう支那支那しているところが妙である。こう書いていて、唾が出てきた。

カツレツまた然り。私の子供の頃にはまだトンカツという言葉は使われてはいず、ただ「カツレツ」あるいは「カツ」と言っていた。ビーフかポークか、何しろやたらにうまいから、そんな鑑定をしている暇はなかった。西洋料理屋の出前持が岡持に入れて「へい、お待ち遠」と持ってくる。ライト・ブリューの子持ちの輪が皿の縁を縁どっていて、ナイフとフォークを一緒にして紙ナプキンでくるんである。中の肉はあまり厚くないが、衣の湿り工合といい、狐色の揚がり工合といい、その衣へのソースの染み込み工合といい、キャベツといい、パセリーといい、その全体が放つ匂いといい、あれこそは「カツ」であった。ああいう「カツ」が食べたい。今では有名な西洋料理店やトンカツの専門店で、むろんしかるべきカットレットやトンカツを供してくれるが、上にも書いたように最初「へい、お待ち遠」のカツにぶつかってしまったものだから、今のカツはどんなのを食べても、昔カツを食べた時の、眩暈《めまい》のするような、頭の痺れるような感激は湧かない。のっけに帝国ホテルかどこかでエスカロープ・ド・ヴォーでも食べておいたなら、今日この切ない想いはせずに済んだことであろう。

申訳ないが、ライスカレーもやはりそこらの西洋御料理○○軒のライスカレーで始まってしまった。輸入するカレー粉が昔と今とでは品質が違うのか、その後とんと昔のような、緑色がかった香ばしいカレーの汁にはお目にかからない。第一、御飯がぱりんとして、艶があって、こわく炊いてあって、その御飯に例の緑色がかった汁が絡んで、実に何とも言われないうまさであった。

未練がましく今でもライスカレーは諸処方々でしきりに食べるのだが、どこのを食べても、どうもいけない。凝った、高いのほど、まずい。そこでなるべくうらぶれたようなうちを探して、ライスカレーを食べてみるが、そういううちのは高級なうちのとはまた別の意味でまずい。セイロン島のコロンボで食べたのは、何が何だか全然味が解らなかった。

西洋料理も随分いろいろ食べてみるが、そしてうまいと思うものに出会うことも屢々《しばしば》だが、何だかんだ言ってみはするものの、恥ずかしながら私の「西洋料理」は結局カツにライスカレー、「支那料理」はラーメンに焼売である。この四品があれば、パリの有名なレストランや中国の名コックなど、どこへ消えてなくなろうと些《いささ》かも痛痒は感じない。

そして私はこの先ざきも、幻の支那そば、焼売、カツレツ、ライスカレーを求めて、陋巷をほっつき歩くことであろう。

寒鰤・寒餅・寒玉子

鰤《ぶり》という魚も、各地で、魚齢でいろいろと名前が変るようだ。わかし、つばす、めしろ、はまち、あぶこ、いなだ、わらさなどと。この頃では養殖のはまちが出廻っていて、はまちといってももう珍らしくも何ともない。鰯を喰わすためか、はまちは鰯の味がする。

私は元来が魚があんまり好きではないので、鰤も刺身より焼いたのがいいが、どういうものか鰤の照焼を食べていると、口の中が何となくむずかゆくなる。誰でもそうかしら。聞いてみないから解らない。また鰤の身には醬油が乗りにくい。そこで大根卸しにたっぷりと醬油を含ませて、身にのせて食べる。

天ぷらの汁に入れる大根卸しも、油ものでこなれが悪いからというのではなくて、天つゆを天ぷらと一緒に食べられるようにということらしい。

初鰤やほのかに白き大江山　季友

酒飲みのくせに、お餅は大好きだ。焼いて、ごくいい海苔を捲いて、醤油をたっぷりつけて食べるのが一番うまい。搗《つ》きたてのほやほやを適当な大きさに千切って、醤油をたらした大根卸しで食べたことがあるが、これは実にうまかった。しかし当今ではどこのうちだって、うちでお餅は搗かないから、東京などにいたんでは、ああいう風にしてお餅を食べることは出来ない。

お雑煮もいい。学生時代に、汁粉屋へ入って、「お雑煮、ぬきでね」などと気取った覚えがある。ぬきというのは、お雑煮から肝腎のお餅をぬいて、おつゆだけのものにするということで、多少気障ッぽい気味もある。天ぬきと言えば、天ぷらそばからそばをぬいたやつだ。「天ぬき、一つ」を文字通りに取られて、天ぷらそばから天ぷらをぬかれては堪らない。連雀町の藪では、これを「天吸い」と言っているようだ。天ぷらの吸物の意であろうが、天ぬきの方が何となく語呂がいい。天ぬきは酒の肴として好適である。

話は横に逸《そ》れるが、この天ぷらそばというやつは一般に至極好まれているらしいが、どうも私はおそばのかけはいやだ。何だかかけは貧乏ッたらしくっていけない。そばはもりであろう。夏でも冬でも。九州では、うどんかけと言わずにかけうどんと言う。かけそばとも言うようだ。東京ならおそばのかけだろうか。うどんかけとは言っても、そばかけとは言わない。しかしかけはうどんに限り、もりはそばに限るとしたもんじゃあるまいか。

お餅がどこかへ行ってしまった。当節は喰い物が豊富になり多様になってきたので、お正月なんかも子供たちはお餅にさしたる関心を示さない。従って水甕に水を張って餅を入れ、保存するというようなことも次第にやらなくなってきた。この水餅というやつも、やはり何となく意気の揚らない喰い物だと思う。

貸二階寒餅並べありにけり　蘭村

水餅や笊の下なるこぼれ水　百川

私は今までオムレツを作るのにかなりの分量の牛乳を玉子の中へ入れていた。先日、渋谷の小川軒の主《あるじ》にオムレツ作りを実演して貰って、牛乳なんか入れるのは飛んでもないことだと知った。（この「飛んでもない」は面白い。「飛んでもございません」などとよく言うが、「飛んでもない」の「ない」の方を叮嚀に「ございません」と言うなら、「飛んでも」の方もそれに調子を合わせて、「お飛びになりましても」とか「飛びましても」とかにすると、「お飛びになりましてもございません」になる。変てこりんである。やはり「飛んでもないことでございます」だろう）つまり牛乳なんか入れると、玉子の腰がなくなるからいけない。また玉子を溶いて永い間放っておいても、同じく腰がなくなる。だから溶いたらすぐフライング・パン、つまりフライパン（このの「パン」という言葉はギリシア語のパタネー patanē から来たものである）へ入れるようにしないといけないのだそうである。

寒玉子は寒中に生んだ玉子で、永く貯蔵に堪えて滋養に富むというが、玉子に限らず食べ物の世界から四季の推移ということが次第に遠ざかりつつある昨今のことだから、もう寒玉子もあまり珍重されなくなってきたようだ。文明は、食べ物の有難味を失わせ、味をまずくする。しかし流石《さすが》の文明も、野鳥の鳴きには手が出ないようだ。野鳥は春にならなければ鳴き出さない。尤《もっと》も鶯には炙《あぶ》るということがある。暮のうちに炙っておけば、正月早々初音が聴かれる。鶯は日が永くなって春がきたと錯覚するからである。

寒がつくものには、ほかに寒詣《まいり》、寒垢離《ごり》、寒念仏、寒稽古、寒鮒などがあるが、寒の入《いり》、小寒なんかもせいぜい暦や日記帳に顔をのぞかせている程度で、めっきり影が薄くなってしまった。

寒玉子雨宿りつゝ買ひにけり　　若沙

みつ豆・甘酒・桜餅

餅菓子ということを言わなくなった。いわんや水菓子という言葉はもう殆んど聞かれない。そこの水菓子屋さんの横を曲って、なんて道を教えたものだが。水菓子、言わずと知れたくだもののことである。いずれはこのくだものという言葉も古語になる日がくるだろう。今では餅菓子と言わずに和菓子と言うのだろうか。年がら年中、お酒とのつき合いに忙しい想いをしているので、近年ついぞ餅菓子を口にしたことがないが、この間、知人が、向島へ行く用事がありましたので、と、桜餅を一籠持ってきてくれた。こういうことは東京の人間でないとしない。同郷人の心づくしと思って、久し振りに桜餅を食べた。桜餅の身上は、あの桜の葉の香りである。それから柔かな皮である。

西洋菓子にも季節は大きに反映すると思うが、日本菓子ほどではあるまい。相撲の夏場所、今で言う五月場所に蔵前への往《おう》さ帰るさに餅菓子屋の店頭に「葛ざくら、水ようかん」と貼り札が出ているのを見ると、初夏の感がぐんと高まる。日本の自然は、これを目の敵にして、徹底的にこいつに対抗してやろうという気をわれわれに起させないような、あるいはあまり残忍なために、われわれの方から進んであっさりと手を引いてしまうような性質の自然なのであろうか。そこにはいろいろと事情はあろうが、われわれの人間的営為の到るところに自然の反映が見られることは疑い得ない。

新しい歳時記を見たら、蜜豆は夏の部で、「夏期、女・子供によろこばれる」とあった。何だか可笑しかった。小生昵懇《じっこん》のある文士、お妾さんと一緒にいる現場に正妻さんに踏み込まれて、お定まりの「あなた、これは一体どういうことです」その時、かの文士、大声一喝して曰く「女、子供の知ったことか」——あとがどうなったかは聞き洩らした。女、子供はとにかくとして、私には今ではもう蜜豆を食べる機会がない。また今の蜜豆は、他所《よそ》ながらに拝見するに、すべてに上品複雑になってしまったようだ。私などが食べた蜜豆の蜜は黒蜜である。それから精々求肥《ぎゅうひ》である。ゆでた豌《えん》豆《どう》、寒天である。あの豌豆まめの、ぷつんという歯当り、堅からず、柔からず、一寸サディスティックな欲求を刺戟するような感じ、あれがいい。それで、ほんの少々塩ッからいような。塩ッからいと言えば、縁日で豌豆をゆでて、それに塩水をぶっかけたのをよく売っていたが、あれもどこかへ消え失せぬ。

食べ物の話をすると、大抵は昔のものがうまくッて、現在のものはだめだということになるらしいが、要は慣れではあるまいか。慣れたものの方がいいので、国語の表記法や漢字使用だって、文教政策や学問上の理由もいろいろとあろうが、三十何年来使ってきた言葉を急に変えろと、しかも何の下相談もなく、頭が悪くて思い上った国語学者どもの一存で変えろと言われるから腹が立つ。言葉は、蜜豆とは違って、今の蜜豆が喰えるかよといって突ッ放すわけには行かないから余計困るのである。

　甘酒も、見たら、夏の季語だった。この間、明神下の古い料理屋で一杯やっていて、ふと明神前の甘酒のことを思い出し、小さな樽を買ってきて貰ったが、自分で食べるのは勿体ない気がして、知り合いに贈呈してしまった。私が甘酒を食べたのは、食べるというか飲むというか、やはり夏の海水浴場のよしず張りの茶屋でのことだった。海から上ってきた冷たいからだに、温い甘酒はまことにありがたい。甘酒もいいが、ゆであずきもいい。（あづきがこういう風にあずきになる、全くざまァないというところだ）尤《もっと》もこの甘酒だの、ゆであずきだのという古風な連中はもうあまり見かけなくなった。歌は世につれと言うが、食べ物だって時代とともに変って行く。うちでは酒粕を貰うと、これでまがいの甘酒を作る。私はむしろこのまがいの甘酒の方に馴染みが深い。

　みつ豆も、甘酒も、桜餅も、どれもお酒の肴になりにくいので、彼らが世間から次第に遠ざかるのに調子を合わせたように、私のこの一族とのおつき合いも次第に疎遠になってきた。ただどういうものか、アイス・クリームとのおつき合いは未だに続いている。本当はシャーベットの方がさっぱりとしていて口に合うのだが、品よく作った本格のアイス・クリームには豪華な味わいがあって、その趣きが棄て難い。このアイス・クリームに上等のウイスキー乃至はジンを一杯かけて食べると、これはうまい。内田百閒先生、酔余　隠《ポケット》から小さな薬瓶を取り出され、中なる液体を私のアイス・クリームの上にさっと振りかけられた。それがジンだった。その時以来、ジン・アイスが私の西洋料理で一杯やる時のレペルトゥワールに加わった。

辣韮・うに・蟹・茗荷汁

田舎ではもとより、東京辺でも昔は辣韮《らっきょう》は自分のうちで漬けていたのだろうが、私が育った頃にはもうそういうことはなく、漬物屋あるいは佃煮屋で買う以外はなかった。あの鼈甲《べっこう》色の、酸っぱい、大ぶりなのをがりがり嚙じるのである。そのうち、小粒な甘い、瓶詰の辣韮が売り出されて、都会の普通の家庭で食べる辣韮は大体この瓶詰のになってしまった。ライスカレーの横について出てくるのもこれである。けれども、そういうお上品で甘ったるいのは実はあまりうまくない。酸っぱい塩漬のやつの方が風味がある。ところが近頃は百貨店なんかで昔風のやつを売っているようで、家人がちょいちょい買ってくるが、それでも昔のに較べると、何か一つ抜けているような気がしてならぬ。

辣韮、らっきょう、お前は何者だ。御飯のおかずでもなし、お酒のおさかなとしてもどこかこう間が抜けていて。恐らくあの剽軽《ひょうきん》な恰好が彼の身上なのだろうか。あれば食べるし、なくても命に別条はない。そう考えると、下司な姿が忽然としてみやびやかな大宮人のように思われてくる。ギヴ・アンド・テイク、一足す一は二でございの窮屈極まりない御時勢に、こんな無意味な風来坊がいるというのは、やはり人間的なことなのかも知れない。人須《すべから》く辣韮たらんとすべし歟《か》。君、聞き給わずや、辣韮の呟きを、「ここに自由存す」。——

マルセーユの小料理屋で、雲丹《うに》の殻を半分に割った中へ生うにを入れたのを食べて、うまいと思った。その少し前、大学を出た頃、中学校時分の国語の先生に銀座裏の小料理屋で御馳走になり、醬油と山葵《わさび》で生うにを生れて初めて食べて、これまたうまいと感じ入った。戦後、北海道で、小鉢に生うにを山盛り一杯出されて、うんざりした。また近年うにをすしだねに使う。好む人もいるが、私は御免である。けれども生うにの取柄は、醬油をかけて暫くそのままにして置くと、とけて流れて成仏してしまうことだろう。早く喰わなくちゃいけない、早く。雲丹、薄命なり。

私はどういうものか、瓶詰の塩うにを少し多目に口に入れると、鼻の穴を刺激されて、くしゃみが出る。総じて塩っからいものを少し多目に食べると、くしゃみが出る。湯豆腐を食べていて、どうしたはずみでかくしゃみをして、前に坐っていた友人の顔に豆腐の雪を吹っかけた。かけた方も、かけられた方も、どうもまことに処置に窮した。盃に豆腐の喰い滓を浮かめては、「流《りゅう》に引かるる曲水《きょくすい》の、手まずさえぎる袖ふれて、いざや」雲丹ではもう持たない、蟹に出て貰おう。

越前がに、毛がに et cetera 蟹はその種類、さわにありけりだが、私ならわたりがにの蝤《がざみ》を以って天下第一等とする。昔、品川や羽田辺で食べさせた、あれである。蟹は酒肴として中分ないものだが、蟹を食べ始めると、つまり指先を使うから、その手で盃は持てず、それでついお酒の方がお留守になって恨めしい。一匹食べ終るまで、そして手を綺麗にするまでは盃は空閨を守らざるを得ぬ。そうかと言って、料理屋の女中さんや芸者にむしって貰って食べるというンじゃいかにも芸がない。蟹は食べたし、酒も飲みたし、蟹が出てくると、眉にかけてきゅっと日本手拭で鉢巻きをしたような、眼が吊り上ってしまって、どこをどう見ていたらいいのか解らないような気がする。

佐賀にガンヅケというものがある。ガンヅケ即ち蟹漬で、潮招《しおまね》きという、鉗脚《はさみ》の片方がずばぬけて大きな小蟹で、こいつの生きたのを臼に沢山入れて、杵か何かで叩き潰して、その上に唐辛子（九州では胡椒という）をしこたま入れて塩漬けにしたもので、歯が悪くては捌きのつかない代物だが、食べては大変うまい。今では昔風のそういう野蛮なのと相並んで、柔かに摺り潰したものも出ているようだが、あれは固い殻は取り去ったものではあるまいか。

鰹節のだしで、茗荷を薄く刻んだのを浮かしたお汁はうまい。これもそう滋養のあるものとは思われないが、とりとめもないというところに、こういう食べ物の「生けるしるし」があるのではないか。血となり肉となる、といったリアリズムの食べ物は、こてこてと垂れた大糞《おおぐそ》を連想させて、いやである。全くこの茗荷なんてものは糞の足しにさえなりそうもないので、だからたまさかぶつかると「いよう、久し振りだね」と肩を叩いてやりたい気がする、あの撫で肩を。

　さて、帰りなんいざ、茗荷畑まさに荒れなんとす。や、これはいかなこと、茗荷を喰ろうたむくいであろう、帰り道を失念致いてござる。

蚕豆・たけの子・茶の香り

いつの頃からの仕来りか知らないが、相撲の夏場所（今でいう五月場所）には、桟《さ》敷《じき》へ出方《でかた》さんが木で作った、浅い盆のようなのに蚕豆《そらまめ》のゆでたのを容れて持ってきてくれる。上に藁半紙の半分に切ったのがかぶせてあって、下の蚕豆の水気がちょいとそれに浸みていたりする。蚕豆も、もうその頃になるとふんどしも黒々と、なりもかなり大きい。毎度申すように当今では年がら年中「季節」のものがあるので、別に感激もしないが、それでも二月の末、三月の初め頃に料理屋のお通しに小粒な蚕豆が現われるとやっぱり春めいた感じで嬉しいし、ああいうのは皮ごと食べられる。それでも皮はまずい、身の方がいい。

蚕豆の大きなのを砂糖で煮たのがあるが、あれは何と言うのか。子供の時分に菓子屋へあれを買いに行って、小さな袋に入れて貰って家へ帰って行く味ったらなかった。黒々と煮上げたお多福豆は佃煮屋さんの領分に属するが、酒を飲むようになってからは、お多福豆との間が疎遠になってしまった。

塩ゆでにした蚕豆を、むろん指でじかにつまんで食べていると、指先がおかしな匂いがしてくる。あの匂いは一寸変である。

うまいものの中には臭いものがある。そうかと言って臭いもの必ずしもうまくはない。丁度、文学は思想でもあるが、思想必ずしも文学ではないといったようなものか。

一体に豆類はあとを引く。つい手が出て、その出た手がなかなか引込まない。何事かを調べようと思って、百科辞典の一巻を手に取ると、調べようと思っていた項目のところへ行きつく前に、ほかの頁の図版や項目に引っかかってしまって、しゃがんだまんま、その一巻のほとんど全部につい目を通してしまうというのによく似ている。ここに豆類と百科辞典との間に存在する唯一の類似性がある。

季節のものの竹の子も、実は本当にうまいと言われているのは食べたことがない。八百屋さんの店先の、小さい盥《たらい》のような桶の中の水に浮んでいる、皮をひんむいた竹の子の味しか知らない。京都あたりの、掘り出したばかりのやつを、然るべく処理して食べると滅法界うまいのだそうだが、そういうのはまだ食べたことがない。近頃食べさせられるのは、八百屋さんの店先で討死しているやつどころか、どうやら罐詰の竹の子らしい。

昔、竹の子を皮つきのまんま八百屋さんから買ってきて、割に上の方の皮を一枚剝いで、横半分に折ると三味線の撥《ばち》みたいな恰好になる。その中に梅干の種を抜いて皮だけにしたのを入れて、撥の左右のとんがったところをちゅうちゅう吸うと、僅かばかり中の梅干の汁が出てきて、撥全体が赤く染まってくる。子供たちはそういうのを手に持って、ぺちゃぺちゃしゃぶっていたものだが、それにつけても気になるのは、近頃のチューイング・ガムだ。いい若い娘がチューイング・ガムをくちゃくちゃやっている図なんてものは、まず二目と見られない。それも下顎部を横斜めに、嚙むたんびに動かして、いちいち口を開ける。どういうつもりであんなひょっとこ面《づら》をするのか。唇を閉じたまま嚙むのならまだいいが（この「いい」について文句がある。大抵の人が「よい」と言う。関東辺の国語では「いい子」だ。「よい子」なんて言うが、そんな「子」はいやあしない。いるのは「いい子」であって「よい子」じゃない。「坊やはよい子だ、ねんねしな」じゃ間が抜けちゃって、折角寝かかった子がぱっちりと目を開け、その子もし東京下町っ子ならんか「よい子ッてなんだい、いい子じゃねえのか」と言わないとも限りません。以上事の序《ついで》に）ぐにゃりのたんびに口がぱくり、ぐにゃり、ぱくり、どこの野蛮人だい、全くの話が。あれだけはやめてくれ。

お茶がどこかへ行っちまいそうになった。お茶、お茶、お茶です。鉄道の車内販売のお茶はどうしてああまずいんですか。茶なんてもんじゃない。それから紅茶も、戦前のリプトンの紅茶はぷんといい匂いがしたもんだが、戦後は日本茶も紅茶も本来の香りを失ってしまった。日本茶の上物はみんな輸出してしまうのだろうか。どうも不思議でならない。番茶、煎茶を問わず、この頃、よそで出されるお茶で、うまいと思ったお茶はまずないのである。どうしてこんなことになってしまったんだろう。恐らく色で言えば中間色的な、日本茶のあの味が人々の嗜好に合わなくなってしまったのか。色だってアメリカ人好みの、単純で野蛮な原色が好まれるようになってきたようだし。味覚と色彩感覚においては、日本人の方がたとえばアメリカ人なんかよりずっと上なのである。その日本人が何も野蛮なアメリカ人の真似をすることはなかろうに――。

今回はここらで渋茶を一杯と行こう。

ゆく春や栄螺はまぐり花菜漬

ゆく春やおもたき琶琵の抱《だき》ごころ

これならいい。蕪村なら言うことはない。しかし「ゆく春や栄螺《さざえ》はまぐり花菜漬」とは何事ぞ、落語に出てくる句みたいな――。

さざえの壺焼は江の島である。片瀬の海岸から長い木橋が江の島まで架かっていた。その桟橋へかかる手前にずらりと茶店が並んでいて、「エー寄ってらっしゃい、召してらっしゃい」と女中たちがわめき通しにわめいている。その茶店で食べたのが私の記憶に残っている最初の栄螺の壺焼である。むろん大正年間のこと、遠き神代の物語だ。爾来栄螺の壺焼とは連綿として御縁が繋がっている。それに千葉の外房とも昔から深いえにしの糸で結ばれているから、うちの台所《だいどこ》には時々栄螺が顔を見せる。皿に焼塩を盛り、栄螺の身や具を別に煮たものを栄螺の殻に入れて一寸火にかけて、しかも盛塩《もりじお》にアルコールをかけて火をつけて、中身がさめないようにして、あわれや蓋を殻の口にちょこなんと載せて出てくる他所行きの、料理屋で出される栄螺の壺焼には風情もへったくれもあったものではない。座敷の隅で牛鍋を煮て、女中さんが煮えたのを小皿に取って、客それぞれに配給するといったようなもので、牛鍋は手前《てめえ》で箸で引っ掻き廻して食べないことには牛鍋ではない。同じ理窟で、栄螺の壺焼というものは、火にかけて身を引っ張り出したりはせずに、金物の先でうまい具合に蓋をこじ開けて、生きたままの身をわたごとずるずると引っ張り出して、わたも喰えるが、まあわたは棄てて、身を小さく切って、それを銀杏なり三ッ葉なりと一緒にもとの殻へ詰め、醬油と砂糖を入れて、殻ごと火にかけるという素朴な寸法が本格だと思う。汁はむろんからくって仕方がないが、磯の香を存じて、うまい。

さざえと言えば、私はたちまち泉鏡花の『日本橋』と、明治時代の歌の文句「さざえの壺焼、なんてまがいンでしょ」を連想する。それから弥生の雛祭も。春のおぼろ夜、寝ようとして、自分の蒲団の敷いてある部屋に入る。この部屋の床の間にはお雛さまが飾ってある。内裏さまの冠の瓔珞《ようらく》が、枕許の暗い灯をほのかに映して、かすかにきらめき揺れている。この薄暗がりの中で、大宮びとは仄かな笑みを面上に浮べて、一体何を想い、何を考えているのであろうか。

蛤《はまぐり》、といきなり来ては些《いささ》か粗忽の嫌いがなくもないが、蛤も季節のもの、貝づくしで気の利かない気味はあるが、やっぱりここに出てきて貰う。蛤は海の底では、いつも砂にもぐっているとは限らず、貝の蓋をぱっくりと開けて、帆のように立てて泳ぎ廻っているという。

蛤は焼蛤に限る。吸物にしてもいい。おつゆが乳白色にちょいと濁る感じも大層いい。身もうまい。それでも、波打際のと、少し遠くの方のと、かなり沖合のと、三種類あるそうで、一番うまいのは沖合のやつだそうである。焼蛤にした場合、始末が悪いのは、上下になっている二枚の貝の、どっちに身がくっついているか解らないのと、柱がすんなりと身と一緒に取れないことだ。まごまごしていると、中のつゆをこぼしてしまう。そのつゆは身よりもうまい。『末摘花』巻頭の句中の「初手は蛤」は、婚礼の膳にはまづ蛤の吸物を供すれば、という解あれども、妥当なりや否や。その姿のヨニに相似ること否《いな》みがたければ、より直截なる別解を以って正解とすべきか。知らず。

まだ蕾のうちの菜の花を浅く漬けた花菜漬、食べてうまいものではないが、季節感が充溢していて、見た目にも綺麗だ。自分の好みを言ってよろしければ、漬物では京菜と芥子菜が一番好きである。その次ぎが秋の白菜と高菜。この高菜は芥子菜の変種と聞くが、芥子菜とはたしかに違う。菊の花の漬けたのや花菜漬などは、味覚に訴えるというよりも、眼で食べるものではあるまいか。

昨夜から思い出そうとして思い出せずにいるのだが、お香々を注文すると「ジョウシンマツ一丁」と女中さんが調理場へ通すうちがあったが、さてそれがどこの何屋だったか。ジョウは上、シンはお新香の新だと見当はつくが、マツが解らない。おいしいお香々を食べさせてくれるうちは少い。新香はすべての料理に締め括りをつける。関ヶ原の合戦で言えば殿《しんがり》をつとめた島津勢のようなもので、重要であるし、これまでのわれわれの食生活においては不可欠の存在であったのだが。

忘れられて行く食べ物と、晩春の憂鬱なけだるさとの間には、何か微妙な繋がりがあるように思われてならぬ。

お酒のこと

お酒をのむことについて書いてもつまらない。お酒はのめばいいので、書くのではない。だからお酒をのむそのことについては書かない。また、書くことはできない。僕に書けること、また、僕が今書くことは、お酒をのむ前後のこと、またお酒をのむ場合のお酒以外のことや、ものにかぎる。とすればまず第一に酒のさかなである。僕思うに、もっとも派手で豪華で、おいしいさかなは、大相撲の桟敷見物である。場所はやはり両国にかぎるが、今は蔵前だから蔵前とする。草相撲は川柳には向いていようが、酒のさかなにはならない。また、大衆席とやらの立見や椅子席での見物もさかなとしては落第である。絶対に桟敷でなければいけない。もうひとつ条件がある。身銭を切ったマス席で、たっつけ袴の男衆に焼鳥や土瓶酒を運んでもらってのむのでは、大相撲はさかなとはなしがたい。絶対に人さまの招待でなければいけない。招待も、お酒はいくら召し上ってもかまいませんというような鷹揚な招待でなければならぬ。望みうべくんばひとマス全部当方に提供されるのがいい。もっともこれは絶対的条件ではない。

というわけで人さまに招待されて、お酒をがぶがぶのむがいい。そうなると、相撲見物ほどすばらしい酒のさかなはないということがわかるはずである。されば相撲の勝負もまたさかなだから、栃錦がすべろうが吉葉山がひっくり返ろうが、そんなことは全然問題にならぬ。人いきれがし、ゴザの臭やほこりの臭がし、足がしびれ、耳ががんがんし、窮屈で、小便に行きたくなったり、ねそべったりしながら、時には義理に土俵のほうを眺め、平素はもっぱら桟敷の美形に注目し、茶わんでぐいぐいのんでいればよろしいのである。出かけるのは十両の勝負がそろそろはじまろうとするころがいい。そのへんからのみはじめると、番数も取り進むころには、力士の顔などよく見えなくなるし、どっちが勝ってもかまわぬというおおらかな気持にもなる。第一もう土俵のほうに向いてすわっていはしない。土俵が横手になったり、あるいは最悪の場合など自分のうしろになっている。だから勝負など、問題にもなんにもなりはしない。しかしこれが国民体育大会みたいなものではこまるだろう。それはさかなとはなしがたい。やはり相撲でなければいけない。芝居でもいけない。

芝居見物は静粛を旨とするから酔うことと芝居見物は両立しがたい。相撲はこの点心配がない。最後の結びの一番など眼中を払底して、ふらふら外へ出たときの酔心地は、味わった者でなければ通じまい。

場所は夏場所にかぎる。春場所はいけない。秋場所などという変なのは絶対にいけない。

お酒のさかなの横綱が相撲見物だとすれば、大関は花火である。僕をしていわしむれば大川の川開きにかぎるようだ。百貨店の開店宣伝花火などは絶対にだめである。招魂社の花火もまああというところであろう。やはり両国の川開きの花火がいい。ところでこんどは相撲とちがって、柳橋へんの料亭の、川にのぞんだ十二畳のお座敷に、ひとに招ばれてお酒をのむというのではいけないのだ。いわんや自腹を切って、そんなところへすわるのなど、愚劣中の愚劣といわねばならない。酒のさかなとしての相撲見物で、桟敷が土俵に近ければ近いほどいいとすれば、花火の場合は遠花火でなければ酒のさかなになりがたい。いちど川っぷちで花火を見物しいしい一杯やったことがあるが、空襲を受けているような、いやな心持がした。料亭にすわったり、船を浮べたりしている連中はよほど無神経な連中だろう。あまり利口だとは思われぬ。花火は麴町へんか、本郷へんの高台がいい。

遠花火を愛でるにしても、物干場へ膳を据えたりするのも無風流だし、第一、夜露が体にわるかろう。遠花火とはいったが、ただ遠いばかりでなく、少々暑いだろうがそこはお酒をおいしくいただくためにがまんして、できるだけ障子はしめた方がいいようだ。障子をしめて、明るくした部屋の中に膳を据えて酒をのむのである。膳の上の駄ざかなの文句をいったり、お燗の小言などいったりの合の間に、家中が妙に静まりかえる瞬間は必ずあるものだ。そんなとき、遠方からトーン、トーン、トトトトと川開きの花火の音がきこえてくる。これが実になんとも申しようのないほどいいものなのである。その音をききおわって、一杯口にふくんだその味は天下一品だといいたい。

この遠花火のさかなには、派手な相撲とは正反対の、一種侘びた味わいがある。だから横綱と大関とはいったが、東と西の両横綱というように対照的である。

花火は妙にさびしいものがある。線香花火にしたってやはりそうで、なにかさびしい。

芥川龍之介の『舞踏会』という、少しきざだがしゃれた小品を思い出すし、井上靖さんの『ある偽作家の生涯』も思い出す。酒の味がこまかにしんみりしてくるところが、この遠花火というさかなの身上であり、特色であろう。

さて、第三番目に挙ぐべきは、野鳥の鳴き声である。もっとも野鳥は春しか鳴かないし、夜は鳴かないから、少々めんどうくさい。鳥を飼う人は、「あぶる」ということをいう。夕方飼箱に入れてしまわないで、明るい部屋で宵っ張りをさせておく。そうすると鳥は夜でも鳴くようになる。本式にさえずらなくともいい。いわゆる地鳴きというので十分である。それをききながらお酒をいただく。それがまたたいへん結構なさかなである。ただしカナリヤとか十姉妹《じゅうしまつ》とかいうような、駄鳥ではだめだ。野鳥にかぎるもののようだ。

ある所へ招かれて、ふとこのさかなの味を知り、僕は自分でも野鳥を飼いはじめた。ずぶのしろうとのことゆえ、このさかなはいまだに料理できずにいる。死なす、にがす、虫がわくの、さんざんの態たらくである。

しかし希望はすてない。ひとがきて、よいご趣味で、などという。僕はへへなんていっておく。まさか敵は本能寺にありとはいえないし、くどくど説明するのはめんどうだから。あるとき、なに実はね、酒のさかななのですよといったら、相手はへえ目白も食えますかといった。食べるさかなではない。きくさかなである。下司はすぐそうだからこまる。とはいうものの、このさかなはまだ酒の役に立っていないのがまことに残念である。

相撲は視覚上のさかな、遠花火と小鳥の声は聴覚上のさかな、視覚、聴覚はこれですんだが、あと三感つまり嗅覚、味覚、触覚が残る。

これら三感覚器官に基づいて成立するさかなはどうか。

食べるものはむろん味覚上のさかなだが、これについては、最近では小島政二郎さんの『食いしん坊』という本が出ているうえに、いろいろと説を成す人はいくらもいることだから、それにまた、食べものの話はきくのは好きだが、自分で話したり書いたりするのは、あまりほめたことではないと思うので、ここではなにもいわぬことにする。

嗅覚は問題ない。酒の香がすなわち同時に酒のさかなであるが、あの戦後出た粕取り焼酎だけは酒と酒のさかなとを兼ねていない。あの臭いは不愉快である。ばかばかしい臭いである。ほかの酒はいい。

残るところは触覚である。触覚上のさかなについては僕はいうべきことを知らない。僕はそうだが、読者諸君はおそらく美人の膝枕などということから、女というふうに連想を働かせることだろう。ここで僕は酒の大問題たる女につきあたる。

僕は酒といっしょに女のことは考えないし、女がいると、女のほうに気をとられて酒がだめになるから、女はきらいである。女は正気のときの問題であって、酒の席の問題にはならない。酒のさかなの議論はこれで終る。

つぎは酒をのむ前と、のんだあとのことについて説述する。

僕は気まぐれに酒はのまぬ。まえまえから覚悟をきめてのむ。

したがって、酒をのむ時刻もあらかじめきめる。その定刻の六時間ぐらいまえからそわそわしてくる。

そわそわが高じると、便意を催す。小便ではない。大便である。これは実にしまつの悪い話であるが、仕方がない。しかも二回上廁する。五時間ぐらい以前と、のみはじめる一時間ぐらい前と。外出して酒をのむときなど、着物を全部着終ったとたんにもう一度便所へ行きたくなる。これは実にこまる。着た着物は全部脱ぐ。そして事終ってのち、また着るのである。

もうひとつの現象というか、用意というか、それは下着に心をくばることだ。肌に近く、頭から遠方にある衣類は清潔にして整ったものを着る。裸踊りなどのときの用意のためである。

正装して玄関を出るときなど、誰が裸踊りなどやろうと思うであろうか。しかし興いたれば、事態には端倪すべからざるものがある。絶対にそういうぶざまなことはやらぬとは自分に保証しがたい。

だから万一の場合を慮るというのは酒のみの心得のひとつとしておいてよろしかろうと思う。破れ猿又なんのその、というのなら、それはまたそれで筋は通っているのだが。

そして、のむ。これについてはすでにいったようにここでは書かぬし、また、書けもせぬ。だから、そしてのむ、とだけいっておく。

最後がのんだ翌日のことである。僕はだいたい、いわゆる宿酔をやる。まず朝床の中で目をさまして、あ、しまった、と思う。ちらちらと昨夜のありさまが思い出されて、うむ、とうなる。起き上ってしまってからも、ときどき、あ、と思わず口走る。

思うまい、思い出すまいとするが、思う。そして、短く、あ、という。酔いは平時の心の抑制を解く。心にもないことをいうというが、酔うと心にあることしかいわない。心にもないことは絶対にいわない。

しかし、それはフロイト心理学のいわゆる無意識界にあったことが酔いのために表面に出るというのではあるまい。

無意識は酔っても、無意識であるらしい。酔ってはじめて出てくるものは、「意識のしきいをまたぐ能力を持った観念」であるらしい。bewusstseinsunfähigen Vorstellungen というのだろう。あるいは前意識 das Vorbewusste といってもいいだろう。それが出てくる。平素の意識からすれば、それに出てこられてはこまるのだ。

それは準本音だから。ほんとうの本音はやはり「無意識」のほうだと考えれば、つまりこの準本音という考え方が成り立つ。

「あなたがきたら、いやおいでになったら」などと、つい口走っていい直すことがあるが、いい直されるそのものがつまりこの準本音であろうか。それが出ては普通のときはつきあい上困るのである。その困りものが、酒に酔うと遠慮なしに出てくる。文字どおり酔うと遠慮がなくなる。短慮になる。すなわち準本音ばかりになる。そこで平常の意識に帰ったときに、あ、しまった、ということになるのである。なぜなら、この準本音には、多くの場合人に聞かれてはいろいろの意味で困るものが含まれているからである。しかしわれわれはこの準本音の顔も立ててやらないわけには行かない。非常に意志の強い人や頭のいい人は別として。酒は準本音の顔を立てるための便利な道具である。

僕はからだがしだいにわるくなったようだから、最近は周期飲酒の原則にしたがっている。

つまり、五日のまずにいて六日目にのむ。そのあくる日からまた五日断酒して六日目にのむ。こういうふうにしている。断酒期間にも消長があって、五日が四日になり、さらに三日になり、二日になったこともあった。いや連日ということにもなった。しかし、大原則はくずさず、五日断酒ということになっている。

ということになっているということが「原則」というものの意味であるから、五日が四日になっても原則を犯したわけではないから安心である。

生理学的側面については語る資格が充分にないが、ただひとついいうることは、月一回お医者さんにからだを診ていただいて種々指図を受ける。そういうことにしてしまえば、僕のからだのことは、お医者さんの責任になり、僕は責任を負う必要が皆無になる。

だから、からだについては僕は安心している。

それで近ごろは、少くともからだに関するかぎりは全然心配がない。結構なことだと考えている。

しかし、酒は語るべきものではない。やはり、のむべきものであった。今にしてつくづくそう思うから、だからもうこれで書くことはやめる。

私の酒のすべて

酒に酔うその酔い方にも、永い一生の間に変遷があるということはたしかである。

私のこのごろの酔い方は――などと自分の酔い方を御披露申し上げたところで、どうなるものでもないけれど――こんな工合だ。最初の猪口一杯二杯の酒は、すんなりと胃袋に入らない。もどしそうになるのである。だから、酒の味も何もわからない。一生懸命に、もどすまい、もどすまいと苦心して、一杯、二杯と飲む。こんな調子で一合位飲む。

一合位そういう風に苦心して胃袋に入れると、やっともどしそうにならずに酒を流し込めるようになり、気分も少しよくなる。そしておしゃべりになる。われながら巧い洒落や冗談があとからあとから口を衝いて出てくる。二合目から四合目あたりまでが、私という人間は機智縦横の、善良で、悪意のいささかもない人間なのである。五合目にさしかかる頃からはどうか。これはよくわからない。自分のほかにもうひとり自分がいて、もうかなり酔っている私というものを見ているわけではないのだから、私がどういう酔態を示しているか、そこがよくわからない。

ぼんやりとわかることの一つは、歌をうたうということである。ひとはよく酒をのんで人前で歌をうたう。その歌のうたい方は、酒など飲んではいないような、まっとうな、きちんとした歌い方である。ところが私には、照れくさくて、恥ずかしくて、半端な酔い方では、不断とあまり変らないような、まっとうな歌い方ができない。私は非常に酔わなければ歌がうたえない。そしていざ歌うとなると、出来るかぎりの大声を張り上げるのである。器用に声をセイヴするなどということは出来ない相談だ。それから私の声はかん高い。アルトやバスではなく、テノールである。しかもゆったりと出すテノールではなくて、「黄海海戦の歌」の文句ではないが「苦しき声を張り上げて」というテノールである。聴いている方はさぞ切ない想いをしていることだろうが、そういうテノールが持ち前だから、どうにも仕様がない。さぞ切ない想いで、というのは、私の歌い方をまねする人がいて、その人の様子を見ていると、顔を歪めて、いかにも苦しそうにするからである。その人もよく歌うけれども、その人の歌い方は楽々としている。

歌をひとしきりうたってしまったあとは、どういうことになるというと、そのあとはよくわからない。いつもかすかにわかっていることといえば、自分の気持がひどく沈んでいるということぐらいである。

これは女房の証言によって実際そうらしい。にがり切った顔をしているということである。何の故ににがり切った顔をしているのかは、全くわからない。とにかく人間全体、人生全体が私はあまり好きではないから、その好きでないという気持が自然と面にあらわれるのであろう。

けれども、そんな風に心底からにがり切る前に、いつも踏む手続きが二つばかりある。その一つは、無性に女中さんや女房に用をいいつけたくなること、これである。殊に、自分ではそれほど人遣いが荒くなるとは思われないが、どうもそうらしい。それから煙草を持ってこい、自分と一緒に飲んでいる人の盃に酒をつげと命ずるらしい。それから煙草を持ってこい、何かさかなはないか、窓を開けろ、窓をしめろ、ここをふけ、水を持ってこいといった風に、殆ど間断なく命令を発するらしいのである。

その二は、これはこれまでにも度々書いたことであるが、一緒に飲んでいる人に、何か品物を進呈したくなることである。酔うと気前がよくなるという、あの伝であるが、私の場合は非常に気前がよくなるのである。平素自分がひどく大事にしているような品物でも、さっさと人様に進呈するのである。尤《もつと》もその人様も、私の好きな人様にかぎられている。どなた様にも、買ったばかりの六万円の腕時計を差上げるというようなことはしないのである。

お酒の相手が、私がかねてから崇拝し恋い慕っているような女性などだと、この進呈癖は最も活潑になるが、女性に差上げて恥ずかしくないような品物を身につけて、お酒を飲みに出かけることはまずないから、とても困ってしまう。品物を差上げる代りに、接吻とか、もう少し熱の入ったことをして差上げればいいのかもしれないが、どうもその辺のことは我ながらよくはわからないのである。

またそういう女の方が目の前においで遊ばすと、ぐいぐいとのめり込むように酔ってしまう。そんなに酔ってしまうのは、ひとつには何も食べないからだろう。そういう場合は、何も食べず、また何も食べることが出来ない。女のひとに、自分がものを食べているところを見せたくない。からだの中から外へ向って開いているところの、上下二つの穴を活動させているところは人に見られたくない。特に女のひとに見られたくないのである。殊にどこやらの佐々木なにがしというような美人には見せたくない。

だからお腹の中には何も入っていない。だから酔うのである。それでも畜生のあさましさに、そういう美人が御不浄へでも起った隙をねらって、大急ぎで何か口の中へ押し込むという離れ業に出ることもなきにしもあらずである。

幽明の境もさだかならぬ頃になると、己は今いったい誰と一緒に飲んでいるのだろうと自問して、自分の前にいる人が誰であるかをたしかめてみる。ああそうか、凸山さんだったかと、改めて確認して、あとは酔いの奈落の底へのめり込んで行くのである。

こんなことを何度繰り返しただろうか、またこのさき何度繰り返すことだろうか。

酒の上

酒の上で僕が意識して慎んでいることが二つある。

その一つは、酒を喰《くら》って他家を、殊にそこの家の主人がその日はまだ酒を飲んでいなかろうと思われる他家を訪問しないということである。

その二は、自宅へ人を、あるいは酒客を招待してある場合、その人が来るのがいくら遅くなっても、来訪が待ちきれず、自分がいくら酒が飲みたくなっても、予定の人がやってくるまでは絶対に酒杯に手を出さずに、根気よくしらふで客を待つということである。

この二つは、自分がそういう目に遭って、不快な想いをさせられたので、自戒して、酒の上でのタブーとしているのである。

われわれは自分では気がつかないで、他人に不快な想いをさせているということがよくあるものだ。

何年も前のこと、内田百閒先生のお宅で御馳走になっていて、お酒を頂戴しながら先生の面白いお話を傾聴していた。暫くして先生が突然、「高橋さん、あんたさんはなぜそう唸《うな》ってばかりいらっしゃる」とおっしゃった。つまり僕が先生のお話に対して「うん、うん」とうなずき乍《なが》らあいづちを打っていたのであった。こっちは我知らず、「うん、うん」と言っていたのであるが、この「うん、うん」を話相手にやられるとすこぶる不愉快なものだ。学生が私のところに来て、僕の話に「うん、うん」とうなずくという経験をして初めて、目上の人や尊敬する相手に「うん、うん」とあいづちを打つものではないと悟った。

高名な、そして若い女優がテレビジョンで司会者と対話をしているのを聴いた。こんな調子であった、「うーん。でもねえ、そんなのは解んないなあ。だって、あたし、何々でしょう」。司会者の方が歳上だが、ていねいな言葉遣いをしているのである。私は、何だ、この小便娘が、親の躾《しつけ》がわるいなあと思った。「うん」はおやめなさい。聴いていて、不愉快極まりないから。工合の悪いことに、そういう場合、自分が相手に厭な想いをさせているということにたいてい気づかないのである。

ついでのことに言ってしまうが、亭主関白で、うちの湯舟の中へ手拭を持って入る。手拭を湯につける。永年何とも思わずにそうしてきた。ところが、今は嫁に行っている娘が先年、「お父さまは手拭をお湯に入れるので、お湯がよごれて困る」と私の女房に言ったというのである。成程そうかと合点して、その時以来、うちの風呂でも手拭は絶対お湯につけないようにしている。娘にそう言われたことが恥ずかしくってしかたがない。

話を酒に戻すが、酒はスタートを同時にしなければ、しらふの者の方が割を喰うのである。それから僕が厭でたまらないのは、酔ってやたらにひとのからだにさわりたがる人だ。そばへすり寄ってきて、手を握る、抱きつく、顔をこっちの顔へくっつくように寄せて何やらわめく。どうかすると、相手の口の中に残っている食べ物の残り滓《かす》が口から飛出してきて、こっちの顔にかかったり、服についたりする。こっちがすぐにハンケチか何かでそれを拭い取ればいいのだが、すぐにそんなことをしては相手に失敬だと思うから、気味の悪いのをがまんして、相手に解らないようにそっと拭う。あれは困る。困ると言っても、相手は酔っているから、こっちが困っていることは全く解らないのである。

空手形もいけない。これは僕の悪い癖で、少し酔ってくると、その席の相手を何とかして喜ばせようと思って、やたらに約束手形を発行する。着物を買ってやるという約束をする、時計を進呈しようと約束する。酔いが醒めた翌日しまったと思う。しかしあとの祭で、約束は実行せねばならぬ。そのためこれまでに何度大損をしたことか。夜書いた手紙は翌日投函する前にもう一度読み直すという人がいるが、酔った時と夜の考え、しらふの時と昼の考えとは違う。

酔ってやたらに身体の一部を見せたがる人がいる。これも困る。他人の珍鉾なんか見たって人格修養の足しなんかにはならないのだが、見せたがる方が見せないと気が済まないらしいから始末が悪い。なるほど御立派で、などと褒める気にはさらさらなれぬ。でも、女のひとにはこの悪癖はまずなかろうから安心である。

酔人の弁

いろいろな意味で不如意をかこたぬ人はない。欲求充足不満、心理的ストレスは、生きるということの必然悪である。

生きて行くからには、何とかこの必然悪の始末をつけずにはいられない。その手だても数あろうが、酒はまさに古来公認の数ある手だての中の王者ではあるまいか。

酒をうまく安く飲もうがためには、列を作って順番を待つぐらいは屁でもない。昔、戦争中、築地の本願寺でビールの配給券が配られた。北門から入って本堂のところで各人一枚貰って、南門から出て行くのだが、貰うや否や南門の外へ駈けて出て、そこで待機している家の者の持っている自転車に飛び乗って、本願寺の裏をぐるりと回って、北門へ行く。北門にも家の者がひとり待っている。北門の入口で乗り棄てた自転車はその家の者がまた南門へ運んで行く。本人は二度目に行列に入って、ビール券をもう一枚せしめる、という仕組である。

酔えば、かりそめの、虚妄の天国が現前する。胃カタル、嘔吐《おうと》、心臓障害等々の犠牲において、唯我独尊《ゆいがどくそん》の境地にしばしがほどは遊び休まう。酔っていない者の目から見れば、ばかとも、あほうとも、気違いともいえるが、酔っている当人は、自分の姿の滑稽などは意に介しない。いや、意に介することができない。

不快なこと、憶えていたくないこと、怖ろしいことは、すべて念頭からきれいさっぱりと消え失せる。大声で話し合うが、実は他人のいうことなど、耳に入らない。自分が話したいことだけをわんわんとがなり立てる。その結果、湯豆腐の切れ端が口から飛び出して、相手の頬っぺたにくっつく。湯豆腐の切れ端という春雨を浴びせられても、浴びせられた方は、それと気がつかない。矢でも鉄砲でも持ってこいという豪傑に、春雨が何だというのだろう。

げにや酔人は、人をして幸福と滑稽と悲惨との間にある隠秘な関係をしみじみと感ぜしむる。

蟋蟀とシャンペン酒

八月の末、内田栄造先生からお葉書を頂戴した。例の一枚漉《す》きの「郵便はかき」「百鹿園牋」「東京麴町局六番町内田栄造」という明朝体の文字が印刷されている私製葉書である。表書には「豊島区高田本町二ノ一四八二高橋義孝様」とあり、番地の行と宛名の行との間に鉛筆で「目白二丁め四ノ二」と書かれ、この一行が青鉛筆で囲んである。宛名と本文とはインキで書かれている。

先生には無断で、本文全文をここに録する。「こほろぎハ今年ハ八月十八日カラ鳴キ始メマシタ或ハ私ガ初メテ聴キ取リマシタ鉦叩キハマダデスガ今ニ鳴クデセウ支那人トノ隣リノ境ノ屏際ニイツモヰマスノデソノシゲミニヒソンデヰルデセウ時ニ年年シツシユツノキリギリスデナクシツシユツノコホロギニ就キオ便リヲ戴キ今秋モ相変ラヌ御芳情ドウカ拙ヨリ博士ヘヨロシクトゾ屏裾ノこほろぎ申シケル八月二十五日夜」以上が本文である。それに黒鉛筆と赤鉛筆とで添え書きがある。赤鉛筆のはこうである、「コレハ多分昨年ノ未投函ノハカキデスドウモ失礼致シマシタ」。黒鉛筆のはこうである、「投函ガ遅レマシタ四十四年八月二十九日認《したた》ム」。

ここにかねて気懸りに思っていたことがある。去年の暮あたりか、夜分先生にお電話をおかけして、先生は昨今シャンペンばかり飲んでいらっしゃると伺っていたので、電話口で、それではシャンペンを三打《ダース》ほどお届け申上げるとお約束したのである。ところが先生のお手許にはこの三打のシャンペン酒は未着である。それはちゃんと解っている。先生から品物は届いたというお報らせもないし、当方もシャンペン酒を三打麹町の百閒先生のお宅へ届けよと酒屋に命じた記憶もないようであるが、しかし、その辺は少し曖昧であって、註文したような気がしないでもない。よく解らない。もし発註済みであるとすれば、名にし負う帝都の交通渋滞で、三打のシャンペン酒の壜は小型トラックに積込まれたまま、今だに東京のどこかで、麹町の百閒邸を目指して進むに進まれず、排気ガスを浴びる責苦に会っているのであろう。前に戻るが、先生のお葉書の文面からも解るように、私は近年、八月何日に初こおろぎを聴いたかということを百閒先生に葉書で御報告することにしているのである。

ところが今年は、こおろぎ便りに換えて、蒸気機関車便りを差上げた。八月三十日の夕刻、船橋から東京へ向けて自動車を走らせていて、さてあれは何川に架っている橋か、橋の上に差しかかって、ふと左の方を見ると、総武線の鉄橋の上を下り列車が蒸気機関車に牽引されて走って行くのが見えた。今時蒸気機関車とは珍しいと、すれ違いざま、その列車の後姿を見送ったことだったが、翌日の朝刊新聞によって、それが東京近辺を走る最後の蒸気機関車牽引の列車であったことを知った。そこで今年は、こおろぎ便りが、蒸気機関車便りに成ったのである。

百閒先生にこの蒸気機関車便りを差上げたそのお返しが「コレハ多分昨年ノ未投函ノハカキ」であった。「投函ガ遅レマシタ　ドウモ失礼致シマシタ」にはシャンペン未着のことが効かせてあるのかしら。一抹不安の念を禁ずること能わぬ。

禁酒の弁

「春のあけぼの」か「春のやよひ」かよく覚えていないので、女房に、「そういう女学校唱歌を知っているか」ときいたら、「存じませんが」というので、私は「ふん」といった。ほどなく内田百閒先生とお酒をのむ機会があったので、酔っていてわからなかったが、あの「春の」何とかいう歌は何であったかとおたずねしたら、歌は今様で、平調の越天楽でうたうと教えて下さった。「春のやよひのあけぼのに、四方の山辺を見渡せば、花ざかりかも白雲の、かからぬ峰こそなかりけれ」であった。ちょっと本を見たら「古き都を来て見れば、浅茅ヶ原とぞなりにける、月の光は隈なくて、秋風のみぞ身には泌む」というのも見つかった。平調の越天楽というとうるさいが、くだいていえば黒田節のふしでうたう。ただし黒田節みたいに下司にくねくねしたふし回しではいけない。

さてこの歌をうたいながら酒をのんだら、大宮人になったような心持がして何とも愉快であった。これからはこの今様をうたい、あきたら黄海海戦の歌をうたい、大いに今年の春の酒を、と思っていた矢先、大変なことになってしまった。

健康診断をうけたいという知人を、知り合いのドクトルのところへ紹介しに行った序《ついで》に、よせばいいのに私もちょいと診てもらった。健康診断をうけたいといった知人は健康であった。ちょいと診てもらった私は禁酒を申し渡された。あべこべにしてもらいたかったが、それはだめであった。

私の禁酒をまず第一によろこんだのは女房ではなかった。女房は、人様がいらっしゃってもお酒も飲めずに、青い顔でしょんぼりしている亭主というものはあまり面白いものではないという見解らしい。らしいというのは人にそういったのを間接にきいたからである。

私の禁酒をよろこんだのは他人さまである。その他人さまには二種類ある。第一種は全然酒の飲めない他人さまで、そのうちの一人など、わざわざ私のところへやってきて、「あなたが飲めないなんて、愉快ですなあ、愉快だなあ」ともみ手をしてよろこんでいた。第二種は自分も飲むが、しかし飲みっぷりにおいて酒量において酔態において到底私には及ばぬ酒道の末輩である。「大事にしたまえよ、君」なんていいながら、この第二種の人間は、やれやれ奴も没落したか、と、のどの奥に垂れている乳首みたいなものをふるわせてよろこんでいる。私ものどの奥に垂れている乳首みたいなものをぶるぶるふるわせて怒ったが、うわべはさり気なく、「本当にねえ、君」と答えた。

困るので、それから色々と折合って、つまり私が私の心臓や肝臓と、私の心肝臓がまた別のドクトルと、私がドクトルと折合って、養生しいしいまあ一本位ならよかろうというところまでこぎつけた。しかし私は断固として酒を廃した。せっかくもみ手をしたり、のどの奥の乳首みたいなものをふるわせたりしてよろこんでいる他人さまの、そのよろこびを奪うのは、情においてまことに忍びがたいからである。

しかし本当に悲しそうにしたのは年来の酒友であった。彼らは私の禁酒の弁をきいて、何もいわなかった。そうしてただ飲んでいた。

正月・酒・女人

私は大体寝起きが悪い方だ。起きるのがいやである。むろん寝る時は、また起きるだろうと思って寝る。寝放しに寝るつもりでふとんの中に入りはしない。けれども、朝、目がさめると、何だかだまされたような気がする。何だい、また起きるのかい、というような気がする。かといって、死にたいのではない。病気や怪我をするのはいやだ。死ぬのなら（ならなんて、仮定的にいう必要はないわけだが）寝首をかかれて死にたい。戦国時代の武将のように、少しみっともないが、寝首をかかれて死ねば一番快適であろう。寝る時は、また起きるつもりで寝る。しかし寝首をかかれれば、起きなくてもいい。何だい、また起きるのかい、と思わなくてもすむ。

ところが年に一度、さあ、夜が明けたぞ、起きましょうと思っていそいそと起き出す一日がある。元旦がそれだ。

とはいえ、諸事新たなる年の始め、心もまた晴々とすがすがしいというような高尚な心事から起き出す気になるのではない。ありていにいうと、近年元日はうちで大宴会を催す。その大宴会がたのしみで、例外的に起きる気になるのである。大宴会といっても百人、二百人の人間が集まるわけではない。そんなに大勢の人がきては、便所の中や湯殿にも入ってもらって、小便臭いのやシャボン臭いのを我慢しいしいお酒を召し上がってもらわねばなるまい。客は五人くらいである。せいぜい八人くらいである。

客の中には、古池の主の大蛇のごとき客がいる。高等学校以来の友人だ。この友人はわが家の大宴会に欠席したことはない。この友人がこないと、何だかお正月になったような気がしない。彼は土佐ッぽーである。大酒して平然たるものがある。そのほかも大体常連である。独身時代は午前中から杯を傾けていたのに、お嫁さんをもらってからは、午後にならないとやってこなくなったような、若い友人もいる。友人の奥さんなどが元日に来られると、不断より二倍くらいきれいに見える。

大体、女のひとはお正月はきれいに見える。手前の古女房とて同じである。化粧するせぬにかかわらず、とにかく女のひとはお正月だというので、小ざっぱりした身なりをするから、不断よりきれいに見える。きれいに見えるからといって、油断していてはいけない。油断して、いつまでもじろじろ見ていると、不断と同じ人間だったということがわかってしまって、何だか一杯喰わされたような具合になるから、お正月は自分の女房などは、ちらりと見ておくにかぎる。物欲しそうな顔つきで、じろじろながめるのは策の下なるものである。じろじろ見たかったら、早く酔ってしまうにかぎる。酔ってしまえば眼力が弱くなるから、いつまでもきれいに見える。

よそのお嬢さんや奥さんなら、そうしなくてもいい。しらふでじろじろ見ていても、依然として美しい。しかし「お正月になると、うちの亭主は不断より立派に見える」というようなことはないらしい。男は断然分がわるい。それにすぐ酒に酔って、下らぬ歌などうたい出すから、逆に値打ちを下げてしまう。お正月は満天下の女性のためにあるようなものだ、と、毎年正月を迎える度に私は合点するのである。

しかし、男も女も酒も、年がら年中そこらにいくらもある。別に珍しくもおかしくもない。ただ、お正月だけは、年に一度しかこない。だから珍しい。その珍しさにつられるのか、男はいつもより少々愚劣に、女はいつもより少々美しく、酒もいつもより少々おいしくなるのは、退屈な人生ではせめてものことだといいたい。

酒飲み学教授

石川道雄さんは私のためにはドイツ文学の大先輩で、日本における第一流の詩人で、酒仙で、山梨大学の教授である。私が初めて学校の教師を勤めることになった府立高等学校で、同僚としてお知合いになった。その石川教授が私に、山梨大学にきて講演をやれといわれる。山梨大学には葡萄酒の研究所がある。くればその研究所試作の葡萄酒を少々のませてやるといわれる。そこで出かけた。

葡萄酒研究所の正式の名称は、山梨大学醱酵研究所という。この醱酵研究所の小原教授は、たまたま私と同じ高知高等学校を出られた方で、私より二年の先輩であった。ワイン・グラスが三十近く盆に載っている。どうしてこうグラスが要るのか、最初は不思議に思った。あとでそのわけがわかった。サイダー瓶に詰めた葡萄酒の試作品が十本位並んでいる。ブランデーもある。ポート・ワインもある。葡萄酒はむろん紅白である。レッテルを見ると、ブラック・クイーン、シャスラ・ドレ、甲州、メルロオ、ミルズ、マスカット、ベリ・A、レッド・ミレニアムなどという名がついている。つまり原料たる葡萄の品種名をかりに転用しているのである。ワイン・グラスが沢山具えてあったのは、各品種ごとに杯を変えなければ、味が混合するからであった。ミルズというのの味は、貴族的で素晴らしかった。メルロオというのもよかった。とにかくこんなにいい葡萄酒が日本にも出来ていることを知らずにいたとは、うかつだった。天下はこの一事を承知して置く心要がある。

聞くと、葡萄酒をこしらえている以上、研究して酒のさかなを作らぬ法はないというのが安達山梨大学長の意見らしい。そこで酪農関係の研究所も出来て、チーズもやがて研究製造せられることになるらしい。微生物化学研究というのだろうか。

私思うに、既に酒あり、さかなありなら、酒の効き目を身をもって鑑定する教授がいなくてはならぬだろう。折角作っても味を批判し鑑定しなければ、酒を作ることがそもそも無意味になる。だから専任の酒飲み教授を一人置く必要がある。この教授はむろん講義などする必要はない。ただ出来上った試作品の葡萄酒を飲み味わっていればよろしい。この教授は、つねに酔っていてこそその職責を果していることになるので、いやしくも大学内にある時はしらふであっては職務怠慢のそしりを免れぬ。

国家もこの教授には恩給を支払わずに済むだろう。なぜなら彼は年中酔っぱらっているから、どうせ早死をするだろう。恩給年限までは到底勤務できないだろう。後任教授がきても、彼もまた早晩いのちを落すだろう。だから恩給を貰って、税金を食うということはこの酒飲み学の専任教授にかぎってはないということになる。

醱酵研究所の中で、私はとりとめもなくそんなことを考え、小原教授にもそのように進言したが、多少は葡萄酒を飲みすぎていたせいもあったかもしれない。

二日酔いのなこうど

去年の春、私の勤めている大学へドイツから先生を一人よんだ。三十を一寸出たぐらいの女のひとである。このひとは、景色のいいところに何軒か立ち並んでいる官舎の一つに、独りずまいをすることになった。彼女の官舎の隣りには英国人の講師が、やはり独りずまいをしている。このひとはまだ三十前である。私はこの情勢を見て、とっさにふたりは仲良くなるなと判断し預言した。

そうしたらその通り、ふたりは大変に仲が良くなり、とうとう結婚しようというところまできてしまったらしいのである。それが去年の秋のことである。冬休みの一寸前に、大学の廊下で彼女にばったり出会った。彼女はうやうやしく日本式のお辞儀をして、「高橋先生、あなたは私の大恩人です」といきなりいうから、私はあたふたして「一体全体それはどういうことです」とき返さずにはいられなかった。

「だって、先生が私を日本へ招いて下さったからこそ、私は人生の伴侶《はんりょ》を見つけることができたのです。つまり私は彼と結婚することになったのです」

「おめでとう。それは何よりのことで」と私はいった。

そして相撲の大阪場所の二日目に、ドイツの彼女と英国の彼とは神戸で結婚式を挙げることになった。その立会人になってくれというので、私はある出版社から借金をして、夫婦で神戸まで出向いた。午前中に、まず英国の領事館へ行って婚姻届をする。私たち夫婦も書類に署名する。午後はユニオン・チャーチという教会で、ドイツ人牧師が結婚式を執行した。

いよいよ結婚式が始まるという直前に、私は教会の中のガス・ストーヴの匂いのためか、気分が悪くなってきた。無理もない。その前の晩は大相撲の初日で、大阪のある小料理屋で、今評判の大鵬関と大いに酒を呷《あお》ったからである。お相撲さんとお酒を飲んでは堪らない。新弟子が三役と相撲をとるようなもので、こっちは忽《たちま》ち参ってしまう。

教会の中で吐きそうになってきたので、驚いて外へ飛び出して、ドブへゲロを吐いた。急いで式場へ戻ったら、もう式が始まっていた。式のさなかにゲロを吐くなこうどというようなものは、そう滅多にあるまいが、ゲロを吐くということばかりは待ったなしで、どうも仕様がない。

ドイツの彼女と英国の彼とは、はた目にもうれしく、たのしそうであった。ただ一寸気がかりなのは、彼女の方が、彼よりも歳が上で、しかもふたりが外国人同士だということであるが、好いて好かれて一緒になったのだから、はたでとやかくいうこともあるまい。

「新婚というものはいいもんだな」と私が女房にいったら、女房は何だか曖昧な返事をした。

宿酔の記

始終ではもとよりないが、だからたまさか銀座の資生堂でお酒を飲む。酒といってもビールでは「酒を飲む」感じが出ない。日本酒か白葡萄酒である。ついこの間も、席がなく、階下の（どういうものか、ぼくは資生堂の二階廻廊の席に坐る気が起らない。下の方がいい）真中のテーブルに陣取ることになって、友人とふたりでオードヴルを肴に日本酒を飲んだ。日本酒はむろん普通の銚子に入れて持ってくる。さすがに盃は出さない。リキュールグラスのようなものを持ってくる。資生堂ではどういう銘柄の日本酒を使っているのか知らないが、酒は大変いい。まわりでコーヒーを飲んだりアイスクリームや菓子を食べたりしているのを見ながら、銚子を傾けるのは、少しきざで悪趣味ではあろうが、酒に一寸面白い味がする。まわりの客がけげんな顔をしてこっちを見る。中にはくすくす笑い合っている客もある。どこの田舎者だろう、というような顔をする人もいる。とにかく、資生堂の西洋料理で日本酒を一杯やるのはなかなか乙であるから、試みられるといい。少し勇気が要るけれども。

これに反して、白葡萄酒なら、そう人目に立たない。入口の、洋酒を並べてあるところで一本買って、シャンパンを容れる氷のバケツ（あれは何といったっけ）に氷をつめてくれるから、それをわきの椅子の上に人目につかないように置いて、飲むのである。五月頃の天気のいい日、午後の二時か三時に、プレインオムレツを注文して、オムレツは塩味で白葡萄酒を飲む気持ったらない。これはこれで天下一品の酒であろう。

しかし白赤どちらでも、葡萄酒を飲んだあとでビールを飲むのは禁物である。必ず胸がわるくなって吐く。ぼくだけのことではないようだ。一体に酒は次第に強いものにして行けば無難である。ビールを飲み終ったら日本酒、少し飽きたらウイスキー、それからさきはジン、あるいはドムのようなリキュール、こういう風にして行けば悪酔いはしないようである。

ついこの間までは日本酒一点張りだったが、何かの拍子にウイスキーを水で割って一晩飲んだら、翌日からだの具合が大変よかった。それ以来、ちょいちょいウイスキーを飲む。炭酸水で割ったのは、どういうものかあまり好きではない。水の方がいい。欧州から帰る船のバーのバーテンダーが、炭酸水を割るのは素人でさとぼくにいったことがある。そんなことから水割りハイボール党になってしまったのかもしれぬ。が、ウイスキーではお酒を飲んでいますという感じが出ない。雰囲気が作り出されれぬ。お酒を飲んでいるという雰囲気を作り出すには、やはり日本酒がいいように思う。燗は昔からそういわれているように生ぬるの人肌がいい。熱燗はぼくはきらいである。

酒の肴として支那料理は一体に困るが、殊にぼくにとって、翌日口の中に妙な味が残っていけないのはシューマイである。シューマイは大好きなのだけれど、これを肴に酒を飲むと、翌日一種の口臭を生ずる。シューマイの中のニンニクのせいだろうか。しかし食べている最中はシューマイというものは酒の肴としてもうまいものなのだが。

そういう特別なものを別とすれば、ぼくは酒の肴を選り好みするたちではない。何でもいい。季節のものが一寸あればそれでいい。季節を超越したものがそれに加われば更にいい。季節のもので、もう一寸はずれたが、浅つきのぬたなんかはいい。そら豆もいい。大体ぼくは魚嫌いの方だから、野菜の季節のものがいい。ところが文明が進歩して、季節は抹殺されそうで、この正月、文芸春秋新社の池島信平さんのお宅で一杯戴いていたら、そら豆の大きいのが出た。温室ものだろうが、これはまた大層立派なそら豆だといったら、池島さんが、いや冷凍ものでどこにでも売っていると答えられたので、ますます文明を呪う気になった。うちの鶯が近頃よく啼くが、鶯の声などにはやはり季節ということがあって、いくら灯を見せるといっても、そら豆の冷凍のようなわけには行かず、一年間丹精したのが春になって啼き出す時のうれしさは何ともいわれない。野菜だって鶯の啼きのように、時期にならなければ手に入らないということになればどんなに有難くも亦結構に食べられるだろうか。

そういう季節のものに、梅干だとか干鱈だとか福神漬だとか古漬の沢庵だとかいったような、季節を超越したものを添えれば、もう何もいうことはない。凡人はすぐ、ここにもう一品添うべきもののあることに気づくだろう。女の酌人である。しかし、女の酌人がこっちの気に入った人だと、酒の方がおるすになったり、妙に気取ったりするようなことになってしまうし、気に入らないと折角の酒がまずくなるから、どっちみち女の酌人は不要である。酒を、女にかかわり合うための手段とするのなら、話はまた別である。

ゆうべ深酒をしてしまって、今日は頭がぼんやりしている。本来なら何もせずにいるところなのだが、テーマがほかならぬ酒であるから、元気をふるい起して以上書いてみた。宿酔でなかったら、もっと教育上有益なことが書けただろうと思う。

今様『歌行燈』

床の間をうしろに檀一雄さん、西川辰美さん、私が正客という格好で並び、M新聞の人たちがずらりとコの字型に並んで酒盛りを始めた。四日市近くの湯の山温泉の夜だ。つゆ時だから、こんな山深いところでもじとじととする。

私は人に気を遣わせまいと思って、あぐらをかくが、実は正座した方が気分がいいし、からだも楽なのだ。だから初めはあぐらをかいて皆さんのお仲間入りをしていたが、疲れてきたので、正座した。檀さんもあぐらが駄目で、きちんと坐るか、あるいは寝そべるかのどちらかで文をつづりもし、酒をのみもするという。檀さんと私とがきちんと坐って杯を重ねていると、はたの人が妙な顔をする。お行儀がいいとか、よく疲れないとか、いろいろなことをいう。そのうち酔を発して、まだ風呂に入っていないことを思い出して、風呂場へいった。斯波四郎さんも一緒にきた。ついてきた女中さんに、酒と杯とを持ってくるようにいいつけた。

酒がきたので、斯波さんと風呂につかりながら、風呂の中でやり始めた。からだがあたたかすぎるところへ熱燗の酒をのむと、熱さが二重になって、変なこころもちがした。徳利は手に持ち放しにしているわけにもゆかないので、湯ぶねのふちに立てておいて、二杯、三杯と重ねてゆくと、頭がくらくらしてきた。斯波さんに、よく効きますなといったら、斯波さんが何ごとか口の中でむにゃむにゃいった。少し危険を感じたので、一緒に風呂から上ることにした。

宴席へ戻るのがおっくうになったから、割りふられた部屋へいって床に入った。女中さんに、ごく熱いのを一本と、おむすびを持ってきてくれと頼んだ。おむすびはなまじっか海苔などまいてないのがいい。梅干も入れてはいけない。塩味で、きゅうと小さく結んだのにしてくれといったら、いわれた通りの品々を揃えて持ってきてくれた。

床の中でむすびを肴に一杯やっていたら、「あんまでございますが、いかがでいらっしゃいますか」という女の声がした。きれいな声だ。ふたつ返事で、頼むとどなったら、「へい、今晩は」と大入道の男のあんまさんが入ってきた。しまったと思ったが、断るわけにはゆかぬ。女中さんの先導で、あんまさんが各部屋を回るのであろう。ところは四日市に近い。だから桑名が近い。伊勢も遠からず、泉鏡花の『歌行燈』ゆかりの地だから、少し気味がわるかった。私の床の「其の裾に、大きく何やら踞《うずく》まった。形のない、もの、影」、今このあんまさんは、よもや恩地喜多八の間拍子に悶死した宗山ではあるまいが、酔った頭にはそんな気もした。

翌日、一行のだれかれにその話をすると大笑いに笑われた。四日市から伊勢市まで は檀さんとひとつ車にのったが、檀さんが連日の疲れでうとうとしているのをさいわい、私は「海人《あま》」の、うろ覚えに覚えているくだりを小声で幾度もくり返して謡った。

酒飲み十戒

㈠　こちらの顔さえ見れば、たまっている勘定を思い出させるような顔つきをする主人のいる料理屋や飲み屋で飲んではいけない。さりとてまた、勘定を払おうというと、まあなんて水臭いことをおっしゃいます、というようなことをいう料理屋や飲み屋も、敬遠しなければならない。勘定のカの字もいわず、いつ行っても同じような顔つき、物腰、態度で迎えてくれて、払うよといったら、こっちが出しただけのものをなんにもいわずにありがたく受け取ってくれるような家を、一軒や二軒は持っているというのが酔客の文化勲章である。

㈡　酒に文句をいってはいけない。日本酒でなければいやだとか、洋酒以外はお断りとかいうような、心の狭いことではいけない。いわんや銘柄をきめて、わたしは「小結」以外のお酒をいただきませんなどというようなのは、以ってのほかである。それでも何がお好きときかれたら、どちらかといえば日本酒が、といったぐあいに返答すべきだ。この「どちらかといえば」に無限の味わいがあると合点するのが酔客の知性というものである。

㈢　型にはまった飲み方をしようと心がけてはいけない。ある時はだんまり、ある時は陽気に、ある時は悲憤して泣き、ある時は猥褻なこともいい、ある時は政府を罵倒し、ある時は歌い、ある時は月の光を愛で、風の音に耳を傾け、というようにできるだけ変化に富んだ飲み方をすべきだ。型にはまっていいのは、右上手、左ハズだと強い朝汐関だけである。

㈣　自分はどこそこの何でないと酒がおいしくないなどというけちくさい根性ではいけない。自分で注文する場合は別だが、ひとが出してくれる場合は、さかなに文句をつけてはいけない。その代り、出されたさかなを褒める必要はさらさらない。何もいわなくていい。ただ黙って箸をつければ、それが何よりのお礼である。だが、ひと箸つけてやめてはいけない。どんなにきらいなものでも、決死の覚悟で二度口に入れなければいけない。

㈤　ほかにも知らない人が飲んでいるような時は、きこえよがしの話はつつしむべきである。できるだけ小さな声で話そうという努力も肝腎である。ところが実際の声が非常な大声であろうとも、そんなことは一向に構わない。小さな声で話そうという心がけでさえいるならば、破れ鐘のようなどら声の中にも、その心がけがにじみ出て、はたで聞いていて決してうるさくはないものである。酔った心安立てに、見ず知らずの人に話しかけるのは、間違いのもとである。

㈥　酔って寝た翌日、ゆうべのことを思い出しそうになったら、あっと声を立てるなり、頭を自分でごつんとなぐるなり、いきなり立ち上がるなり、急いで煙草に火をつけるなりして、ゆうべのことなど一さい思い出さないように努めるべきである。どんなに醜態をさらしたのであろうと、それも消し去りがたいわれわれの人生の一齣ではないか。いわんや、さあ今日からはもう飲まないぞ、などと誓いを立ててはいけない。夕方になれば飲みたくなるのにきまっているのだから。

㈦　宴会などで、何か余興を求められた場合、最後まで断り通してしまうというような、高利貸みたいに頑固なのは見苦しい。そうかといって、一つ何かといわれもしないのに、やり出すのもみっともない。なんの芸もない人でもナムアミダブ、ナミアムダブと唱えるだけで余興にはなろう。教育勅語を朗誦したっていいではないか。からだの、不断は人に見せない部分（背中とか足の裏とか）をやたらに見せたがる人もいるが、そういう部分は、見せられるほうにもあるのだから、あれは無意味で骨折り甲斐のないことである。

(八) 酒に酔って、自分が身につけている品物を、人さまにやたらに贈呈するというのは、悪い癖であるから矯正するように心がけなければいけない。ことに、何かこちらに下さろうというその方の、当年四十九歳のご夫人などというようなご下賜品だと、せっかくありがたく頂戴しはしても、そのご下賜品をあとでどう始末していいか、困ってしまう。

(九) 何事も引き際が大切だが、酒の席でもそうで、もう飲みたくなく、その席にいたくなかったら、挨拶はしないで、さっさと帰ってきてしまうべきである。挨拶をすれば、引きとめられるにきまっているのだから。どうしても帰りにくかったら、オーヴァーなり、上着なりを置いて帰れば、相手はこっちが便所か何かに立ったのだろうぐらいに思って安心している。そのオーヴァーなり上着なりは、翌日取りに行けばいい。酒客たるものには、そのぐらいの犠牲をものともしない度量があってしかるべきである。

㈩　友を選ばば、酒飲み十戒などというようなことを考えるような人間を避けなければならない。そういう人間と一緒に飲んでいると、小うるさくていけなかろうから。

味のかなた

近年、非常にうまいと思って食べたものが二つある。

その一つは胡瓜揉みである。九州での話で、すっぽんや蒲焼、冬になれば河豚《ふぐ》というようなものを出す料理屋で、主人が陣頭に立って采配を振る。客に赤だし一つ出すにしても、職人さんが作ったものを猪口に受けて味を見てからでないと出させない。むろん自分で包丁を揮う。自分も仕事をしながら職人さんの仕事ぶりを怖い顔をして監督している。だが、客に対しては決して威張らない。腰がごく低い。一体に主人が包丁を揮う小料理屋には、変に天狗で客に威張り散らす主人がいるものだが、そこのうちに限っては全然そういうことがない。

九州にいれば、食事はすべて外で摂る。講義の準備をする必要のない晩などは、自然と足が賑やかな方へ向く。そこでその小料理屋へも頻繁に通って夕食は大抵そこのうちでした。夕食といっても多くの場合したたかにきこし召すということになる。いつも蒲焼、鯛の刺身、あら煮でもあるまいと、ある時、胡瓜揉みを頼んだ。胡瓜揉みなどというものは、そこのうちの献立には元来ない。いや、そこのうちには献立らしい献立はない。ただ黒い札に白く「焼物」とか「すっぽん」とか書いてあるだけで、焼物が欲しければ、客の方から今日はどんなものが入っているかと聞かなければならない。そういううちで胡瓜揉みなんかを頼むのは一寸気のひけることだったが、主人とは長年のつき合い、至極親しいので、思い切って頼んでみた。

出来上るまでに随分時間がかかった。目の前で作っているのだから、その全過程がよく解る。二本の胡瓜が、出来上ってみると一握りの胡瓜揉みに化けていた。一口、口に入れた。「うまい」とはこういうことか胡瓜揉み、生れて初めてこんなにうまい胡瓜揉みを食べた、最後に、さっとかけたレモンの汁もよく利いていた。

他は、やはり同じうちで出された馬鈴薯の煮たのである。何でもその馬鈴薯は、主人が自分の家の菜園に作った馬鈴薯だとかいうことで、煮上ったのを口に入れて、思わず「うまい」と言った。馬鈴薯そのものも非常によかったが、味が何とも言われなかった。きっと一番だしを使ったのだろう。だしその他、すべて飛び切りのものを使って、野菜煮の骨法を一寸崩して、総菜料理めかして煮たものだから、まずかろう筈がないのだ。

噫々《ああ》、馬鹿にする勿《なか》れ、胡瓜といい、馬鈴薯といい、その扱い方如何《いかん》では天下の美味になるのであった。

ハム・ライスだって決して馬鹿にならない。尤《もつと》もハム・ライスは、作る時フライ・パンを返す、あの動作が面白くてこたえられない。左手にフライ・パンを持って、底をガスのコンロにぱんとぶつけるようにして、中のものをくるりと返す。あれが面白くって面白くってたまらないので、ハム・ライスをよく作る。けれどもあの返しというのはむずかしい。外へ御飯つぶが飛び出す。それが業腹で、ハム・ライスを目の敵にして、よく作る。うまくひらりひらりと返ることは稀である。それに、フライ・パンの柄の端が左手の掌に当ってとても痛い。本職の使うフライ・パンはあの部分がどうなっているのだろうか。

先日、絶対に焦げつかないフライ・パンというものを貰って使ってみたが、これは縁のところが支那鍋のようにやや大きく彎曲しているので、中のものがたやすくくるりと返る。ところがこの鍋でハム・ライスを作ると、焦げつかない代りに、御飯が妙にばさばさしてしまう。何か樹脂のようなものが鍋の内側に塗ってあるらしい。どうも昔ながらの鉄のフライ・バンの方が料理の出来上り工合がいいように思う。

私はなぜそんなことをして時間を潰しているのか。私は何かにせっつかれて、それをしなければいけないと思いながらもそれをすることが出来ないので空しく恨めしくそんなことに精を出している。ではそれは何か。それが自分にも解らない。

九州の、毎度私の我儘な註文を聞いてくれて、おいしい胡瓜揉みや馬鈴薯の煮たのを食べさせてくれたその小料理屋は、いい客が沢山ついていて、いつもはやっていたのに、この夏の終りに店を閉じた。主人は老いて、業に倦み疲れてしまったのであろう歟《か》。

さかな

「おさかなは何に致しましょう」と女房にいわれる度毎にはたと当惑する。むろん酒のさかなだが、凝りすぎたものもいや、あまりありふれたものは勿論落第、「あれがいい」といえるものを思い浮べることができない。

ところが近年大変具合のいい「さかな」を考案した。紫蘇でくるんだ梅干の大き目のを、大き目の湯呑み茶碗に入れ、熱湯を注ぎ、調味料をほんの少々入れる。暫くそっとしておいてから、箸で梅干を崩す。この吸いものを飲みながら、盃を口へ運ぶのである。先日、一先輩にこの吸いものをお出ししたら、三杯お代りをなさった。特に小田原の尾崎一雄さんが御恵与下さる梅干がいい。尾崎家の紫蘇巻きときたら、天下一品、それで上記の吸いものを作って飲むと、まさにいのちの延びる想いがする。でも、そういつもおねだりは出来ないから、デパートその他からなるべくよさそうな梅干を買ってこさせてこの吸いものを作る。とてもおいしいからぜひ一度試してごらんなさい。

喰いしんぼう

お酒を飲んでいてせっせと料理を食べる人と、料理には一切箸をつけようとしない人がいる。ドイツ文学の大先輩のU先生は前者で、日本酒をがぶがぶ飲まれながら、オルドーブルからスープ、魚料理に肉料理、サラダと悉く平げられて、さてそのあとにカレーライスを注文されるというのだからこれはただごとでない。私はといえば後者で、それでも最初のうちは杯の合間に皿のものも少々は突つくけれども、少しいい気持になってきたら最後、料理はただ見ているだけで、食べようという気が全然起らない。ことに女のひとでもそばにいようものなら、絶対に食べる気が起らない。照れくさくて、恥ずかしくて、ものを食べてなんかいられない。

そこで、一夜明けて、翌日になる。うちの者がこしらえてくれたお惣菜の並んだ食卓の前に坐ると、昨夜一箸もつけずに置いてきてしまった沢山のご馳走が目の前にちらついて仕方がない。あれが今ここにあればなあと思う。昨夜のご馳走が「昨夜はどうも失礼しました」といって、目の前の食卓の上に現われてこないのはけしからんというような気になる。それが毎度のことである。

ある時、ある若い人が私たち夫婦を自分のうちへ招いてくれて、お酒のさかなに立派な伊勢えびのゆでたのを出してくれた。横目でぐっとにらんで、うまそうだと鑑定したが、例の如くそのままにしてきてしまった。そして翌日、型の如く食事時にその伊勢えびのおもかげを心に描いて、いまいましい気持で精進揚げか何かで食事を済ませた。

それから半月ほどして、その若い人に会った時、伊勢えびを食べずに残してきてしまって全く惜しいことをしたと話したら、ついこの間、その人が伊勢えびを沢山持ってきてくれた。蓋を開けると、活きがよくて籠から飛び出す。夕方からある支那料理店で開かれる会に出席するのがわかっていながら、お腹も空いていたので、すぐに食べずにはいられなくなって、大きいのを一匹、ゆでてマヨネーズ・ソースをごてごてと塗りつけて食べたら、満腹して、しまいには吐きそうになった。

そういうわけだから、会へ出かけたが目の前にあとからあとから出てくる支那料理の皿に箸が出ない。文字通り飲まず喰わずで夜遅く帰宅して、椅子に腰を下ろしたら、何となく何か食べたくなってきた。うどんやそばでは物足らない気がして、いざと構えて、近所の支那料理屋からチャーシューメンを取った。割り箸をぱちんと割って、はてさて己という人間は何という間抜けた無駄なことをするのだろうと少し業腹になった。それというのも喰いしんぼうで、あのえびをあんな時分に食べたからいけないのだ。それでもチャーシューメンがおいしかったのは何だか情ない。

お餅と私

酒飲みはお餅を食べない。どちらかといえばお餅を軽蔑する。私は酒飲みである。従って私はお餅を――。

ところが私はお餅も好きなのである。お雑煮よし、やいて海苔でくるんでよしである。後者の場合、醤油をぼたぼたにつける。お餅の表皮が焦げて、穴が開いて、その穴から醤油が浸み込んだのを、口に入れて、醤油が口の中に流れ出てくるというほどにたっぷりと醤油をつけて、大き目に切った海苔の焼いたので、そのお餅をくるりとくるんで、ぱくり。

こいつが私は大好きである。

ただ安倍川《あべかわ》はいけない。お餅をなににによらず甘くして食べるのはいけない。子供の時分にはそれもよかったが、現在では、酒を飲むせいもあって、甘いものは一切いけない。食べようにものどを通らないのだから仕方がない。

今もそうだが、東京の下町に育ったので、いわゆる賃餅というやつしか食べたことがないし、また餅は歳の暮にしかつかせないし、年末年始にしか食べない。つき立てのお餅を醤油をかけた大根おろしにまぶして食べるというようなことはしたことがない。一度どこかでそんな食べ方をして、うまいと思ったが、自分の家でつかないので、そういう食べ方はしたことがない。

お餅にも随分といろいろの食べ方があるようだが、私の場合は、火で焼いて醤油をつけて食べるか、あるいはお雑煮にするかである。ところでこのお雑煮だが、一寸しゃれた甘いもの屋へ入って、お雑煮のヌキを注文するのは、宿酔の日などにはなかなか味のあるものだ。つまりお雑煮からお餅を抜いて貰って、三つ葉や卵やかまぼこだけをお汁と一緒に食べるものである。

天ぬきというのがある。天ぷらそばから、おそばを抜いて貰って、お汁に天ぷらだけを浮かせて食べるのだが、こいつは逆に酒の肴として上乗なるものだ。しかし当節ではこの「天ぬき」がそば屋で通じない。「天吸い」といっている店もあるようだ。

近年の正月、うちではどうもお餅の売れ行きがよくない。沢山残ってしまう。これは、なにもお餅を食べなくても、ほかにおいしいものはいくらもあるから。だから若い者たちは、お餅のような、さしてうまいとはいえないものを軽蔑して、お餅に手を出さないのであろう。

話は飛躍するが、うちの近所の雑司ヶ谷の鬼子母神《きしもじん》のお会式も、近年次第にさびれてきた。太鼓の数もめっきり減ってしまった。博多の櫛田神社のおくんち、どんたくも、近年すっかりさびれてきたという。古い風習、古い食べものは、やはり新しい風習や新しい食べものに、駆逐されて行くのであろう。お餅の未来ももう決して有望とはいえまい。

しかしお餅に馴染んで育ってきた私は、死ぬまで年末年始にはお餅を欠かさないだろう。

静かなる蒲焼

江戸前の「前」とは本来どういう意味だろうと人にきかれて、答えられなかった。茶道の「おてまえ」、店構えなどの「かまえ」の「まえ」なんかとも関係があるのだろうか。調べてみないからわからない。

江戸前、江戸前というけれども、今日では料理などにそうはっきりとした「江戸前」があるわけでもあるまいが、しかし鰻の料理法だけは、江戸前と上方風とが截然として分れている。

東京風の蒲焼に慣れた舌には、九州で出される蒲焼はどうも工合がわるい。というのも、九州では鰻を蒸さずに、いきなり焼くのである。従って舌ざわりが焼き魚に似ていて、鰻らしくない。皮もかなり固い。

その上、たれの仕立て方がよほど違うと見えて、甘ったるい。

蒲焼のたれには砂糖は一切使わないと聞いていたが、ひょっとすると使っているのかもしれない。とにかく甘ったるくて、とても私の舌にはいけない（今書いていることは、純粋に個人的な事柄であり好尚である)。

博多の鰻屋の一軒に入って、中位の値段の鰻丼を注文したら、二、三分で、へい、お待遠さまといって持ってきたので、びっくりした。

それから、鰻の肉の照りも見事なので、二度びっくりした。きっとたれに飴でも使っているのだろう。

食べてみて、固くてまずいのに三度びっくりした。

値段の方は予めびっくりしておいたから、事後のびっくりは三度で済んだ。

九州の柳河は川魚、鰻の本場である。

泥鰌《どじょう》料理の柳川鍋の柳川は恐らくこの九州の地名の柳河に何か関係があるのかもしれない。人にそう話したら、いや、柳の下にいつも泥鰌はいないの、あの諺から洒落て泥鰌鍋を柳川というようになったのではあるまいかという説であった。

柳川鍋の語源は、小股の切れ上った女の語源同様、私には今以って判然としない。

柳河にはむろん養鰻場もあろうが、博多あたりで食べさせるのは柳河の天然ものらしい。

ひところは天然天然とありがたかったが、こう養殖ものを食べさせられると、天然は泥くさくて、却って養殖の上物の方が舌には美味に感じられる。

とにかく九州では鰻は食べないことにしていたが、三井信託銀行の取締役で福岡支店長の作家の（随分ややこしくなってしまったが）土岐雄三さんに、純粋に東京風の蒲焼を食べさせるうちを紹介していただいて以来、ちょくちょくそこへ通うようになった。

主人はもと竹葉《ちくよう》にいた人で、その後、神田に店を持っている親戚のところで修業して、どういう風の吹き回しか、博多で東京風の鰻をこしらえている。

これで、やっと、九州でも東京風の蒲焼にありつけて、ほっとした。

たれは同割りかときいたら、最初はそうしていたが、現在はそうではない、しかし砂糖は全く使っていないという返事だった。また鰻そのものは柳河からくる天然ものだそうである。

柳河の天然ものを東京風に仕立てると、養殖のように肉がふにゃふにゃしていないので、適当に固くて、うまい。

蒲焼を注文して、枝豆を肴に一杯やっていて、そのうちにパン、パンという団扇の音が聞えてくるかと思っていたら、すーっと蒲焼が出てきたので、可笑しいと思ってきいてみた。

備長の入荷がないので、瓦斯のオーヴンで焼き上げるということだった。

しーんとしていて、すーっと蒲焼が出てくるのでは気分が出ないから、団扇のパン、パンはテイプ・レコーダーにとっておいて、適宜流せばよかろうとは土岐さんの御意見だが、東京のどこかの誰かに頼んで備長を少々送らせて、せめて東京の地の者が行った時だけは、パン、パンとやって貰おうかと思っている。

春の弥生は

酒飲みで、文字通り瓢々として町を歩くことの好きな友人がいた。年がら年中、東京の町中を歩いてばかりいるものだから、この友人は全く意外な場所の、意外な飲屋を沢山知っていた。

この友人と、春のとある暮れ方、新橋に出て一杯やったことがある。春先の夕方によくある霞か靄のようなものが立ち罩《こ》めていて、暖かかった天気のいい一日が暮れようとしている。駅前の電車通りに客の立て混んでいる一杯飲屋があった。われわれ二人は何も言わずに、それが天の命令ででもあるかのようにその飲屋ののれんをくぐった。こういう場合、肴の注文はすべてこの歳上の友人がした。彼はあさつきのぬたを二人前注文した。料理がきたって、決してがつがつ食べるわけではない。ひと口、ふた口、食べればそれでいいのである。それから木の芽和えを注文した。これも香りを嗅ぐ程度にしか食べない。あたりが次第に暮れて行く。何となくものの匂いがする。ふたりは口に出してこそ言わね、ああ春だなあと思っているのである。それは、春の宵の気分を楽しんでいるというようなものではない。あさつきのぬたと木の芽和えを前に置いてコップ酒を呷っているわれわれふたりがつまり春そのものなのである。この友人は先年亡くなってしまった。

ある料理屋で菜飯というものを食べた。何の菜か知らないが、青い菜の細く刻んだのをごはんに炊き込んであり、一寸塩味がついている。これが実にうまかったので、うちでもやらせてみたが、料理屋のようには行かなかった。お米そのものがよほど上等でないといけないらしいし、少しばかりのお米を電気釜やガスで炊いたのではあの味は出ないのだろう。やはり薪で炊かないとお米の本当のうまみは出ないようである。残念ながらお米を薪で炊くというようなことは、今日では贅沢も贅沢も、大贅沢になってしまった。菜飯は歳時記では三月の季語になっている。

「すり鉢に薄紫の蜆《しじみ》かな」の句が子規にある。蜆も本来は春三月のものらしいが、今では年中あるような気がする。蜆のおみおつけは大好きだが、あの蜆の身はいちいち食べるものなのだろうか。それとも味噌汁だけを吸えばいいのだろうか。浅蜊のお汁も私はお汁だけ吸って、浅蜊の身は食べない。浅蜊のお汁と蛤のお汁とはどちらも薄く白濁りに濁るが、その濁り方が浅蜊と蛤とでは一寸違う。蛤のお汁の方が濃いミルク色に濁る。浅蜊の濁り方はあっさりしている（これは駄洒落ではない）。

私は実は蛤もお汁だけ吸って身は食べたくないのだが、蛤の身が大々《だいだい》としてお椀の中にあるので、根が下司のせいか、つい蛤の身も食べる。蛤は吸いものにするより、やはり貝のまま火にかけた焼き蛤がいい。あのつゆのおいしさは言説に尽しがたい。

衣被《きぬかつぎ》は秋のものだが、冬を越して貯蔵した種芋はうまい。口のまわりが妙にかゆくなったり、指先がにちゃにちゃしたりして、食べにくいものだが、小皿におしたじを入れて、そこへぎゅっと押しつけるようにしておしたじをつけて、根許の皮だけ残るようにして食べる（このおしたじという言葉は、この頃では誰も使わなくなってきた。醬油というのであるが、醬油などと言うと、通産省か何かで役人と話をしているようで、どうも工合がわるい。そう言えば近頃人がよく「七味」と言う。七味唐辛子のことだが、関東では七色唐辛子《なないろとんがらし》と言ったものである。九州ではこの七色唐辛子を胡椒と言う。コショウはショウにアクセントがある。ペッパーのことは洋胡椒と言う。尤《もっと》も九州の唐辛子は七色ではなく、唐辛子だけのようである。九州の五島辺へ行くと、ものすごくからい唐辛子がある。あれを東京辺の七色唐辛子なみに振りかけたら、口がひん曲ってしまう。あらという魚をちゃんこ仕立てにして、あの猛烈な唐辛子をつけて食べると、うまいのうまくないのって）。

韮《にら》、蒜《にんにく》も三月のものだろうが、近頃忘れられ始めてきた珍味に慈姑《くわい》がある。慈姑の味はまことにユニクで、うまいような、まずいような、とぼけた味だが、家庭料理で慈姑にお目にかかることはまずまずなくなってきた。

栄枯盛衰の運命は食べ物もまたこれを免れることはできないのか。

野の香り、海の香り

早春に口に入るものとして、すぐに念頭に浮ぶのは浅葱《あさつき》だ。尤《もつと》も私の場合、浅葱のぬたを入れた小鉢の横にはお銚子とお猪口がちょこなんとして控えている。何年か前に、無礼にも夜分友人と、幸田文さんのお宅に闖入したら、さっとお酒が出て、同じくさっと浅葱のぬたが現われて、そのあまりの素速さに息を呑んだ覚えがある。

それからどうしても京菜だろうか。京菜の香のものが食卓に出ると、否応なしに「春がきた、春がきた」。京菜の漬けたのを小さく刻んで、鰹節をかけ醤油をかけるのも一つの手だが、あの白い茎のところをさくさくと食べる気持は何ともいわれない。

ちょっと人が気がつかず、また夏のものと思われるかもしれないが、私の気持からすれば、ところてんも春のものである。むろん蜜ではなしに、酢と醤油をかけて食べる。これがお酒のおさかなとして滅法うまい。ただこの頃では、ところてんは、そうざらに売ってはいなくなってしまった。あのとぼけた味が忘れられてしまうのは惜しい。

つぎに挙げなければならないのは衣被《きぬかつぎ》であろうか。こいつは私の大好物で、そのまま塩で食べてよし、お酒のおさかなにしてよし、濡れ手拭を手許に置いて、指さきを拭きふき食べ且《か》つ飲む。

栄螺《さざえ》も春だ。毎年、夏になると千葉の外房の海岸へ行き、栄螺が採れるので、よく食べるところから、栄螺というと私はつい夏を連想するが、やっぱり春だろう。春でおぼろで御縁日、である。一体、貝類は春のものではあるまいか。常節《とこぶし》、蛤、浅蜊、海胆《うに》、馬刀貝《まてがい》など。尤も早春といわんよりは仲春のものかも知れないが。そういえば、先日玉川一郎さんにあるところでお会いして、浅蜊飯というものがむかしあったことを思い出させられた。あれを近頃の人はもう食べないようだが、あれはあれなりにおいしいものだった。そうだ、魚では目刺も春のもの、そのほか鰆《さわら》あり鯡《にしん》あり、飯蛸《いいだこ》なんかも忘れてはなるまい。蕗《ふき》の薹《とう》、若布《わかめ》、田楽、木の芽和えはいうには及ぶだろう。白子干《しらすぼし》、いわゆるちりめんじゃこ、忘れていたが早春の食味の大立物、例の「月もおぼろに白魚の」白魚があった。鱵《さより》も早春の魚である。

野菜類は四季を問わずに作られるようになって何だか味気ない。しかし海の幸はそうは行かないから、季節のものとして有難い。

すき焼

すき焼でお酒を飲む時は用心しなければならない。何を用心するのかというと、お酒を一緒に飲む相手に対して用心しなければいけない。なぜかというと、不思議に世の中の人は、すき焼の手順や味つけに各々独特の流儀を持っているからです。初めに野菜を並べる人もいれば、初めに肉を敷く人もいる。脂を鍋にとかす人もいる。それから砂糖を入れるか、醬油を入れるかでまた流儀が相異なる。白滝や焼き豆腐を入れようとすると、味が薄くなるから待てという人もいる。ねぎから水が出るから、そうやたらに割りしたを入れるなという人もいる。各人各様で、すき焼の時は全く気が許せない。

私の友人で、すき焼のごくうるさいのがいます。これと飲んだら、おちおち肉などは食べていられない。

「おい君、一寸待てよ。それはまだ生煮えだ。こっちの方の、そうだ、ここら辺がいいかな。待て、まだ少し味が甘すぎるようだな。おい、君、醬油は入れちゃいけないよ。そのねぎもまだまだだよ。君は黙ってみていてくれよ。そう手を出されちゃこっちの手順が狂うよ。とにかく己に任せとけよ。あ、それはまだだよ、君に食わせようと思って、さっきから右の方へ、ちゃんと寄せといたんだから。生煮えは毒だよ」

勝手にしろ、肉なんか誰が喰ってやるか、と、盃を手に取ると、お酒の上に牛の脂の粒が二つ三つ浮いているという始末で、すき焼はどうも酒の肴に上乗なるものではない。

この人はまさかすき焼に一流を立ててはいまいと思って、またその人はそういう風に見える人なので、私が私なりに無造作にやり出したら、やり出して十分ばかりしたら、その人はその十分ほどの間、喰いつくような眼つきで私の手許を睨んでいたけれど、急に、「待った。僕がやろう」といったので、私はびっくりしてしまいました。その人はとうとう我慢がならなくなってしまったのでしょう。

ある偉い先生を拙宅へお招きして、すき焼を供した。魔がさしたというべきか。例のでたらめなやり方で、何となくお酒を飲んでその場を濁した。

それから少しして、その先生からお招きがあり、大変お酒を頂戴したが、その時の肴がすき焼であった。初めてわかったが、その先生たるや、すき焼の大家で、その先生のやり方は全く独造底《どくぞうてい》のものでありました。これはきっと先生が、私のところでお出ししたすき焼の、あまりのまずさを憐んで、一つ本当にうまいすき焼を喰わせてやろうとの思召しから出たことだと思うが、しかしそれにしても、私のところですき焼を召上った折、その大先生が私のやり方に対して、一言も批評がましいことをいわれなかったのには感心しました。

『にんじん』の兄貴

うちの長男は、今年やっと大学に入った。三回目に漸く素志を貫徹したわけである。尤《もっと》もぼくが、絶対に東大でなければいけないなどといったのではない。かねてから大学へ入りたければどこへでも好きなところへ入れといっておいたのである。

そうしたら本人が勝手に東大を受験して、落ちて、翌年また受験して、そうしてこんども落ちて、今年また受験して、そうしてこんどはうまく入れたのであった。

次男は今、新制高等学校の一年生である。三男は小学校の五年生である。その三男の夏休みの宿題に模型飛行機作りというのがある。次男がそれを手伝っているうちに、自分の方がすっかり面白くなってしまって、三男からすべて取り上げてしまって、一所懸命にやりだしたので、三男がおこり出した。

はたで見ていて、この辺で少々さぐりを入れておこうと思って、こう口をきった。

「そろそろ大学の試験だな。東大へ入るのか」

「わかんない」

「東大がいいぞ、やっぱり」

暫く彼は黙っていたが、やがてぼそぼそこういった。

「どうしても東大でなくちゃいけないのかよう」

これには返答に窮した。可笑しくもあった。勝負あった、ぼくの負けである。

そうしたらジュール・ルーナルの『にんじん』という小説の中の一節を思い出した。

主人公にんじん少年の兄貴のフェリックスは怠け者である。それがやっとこ、すっとこ学校を卒業した。

「彼はのうのうとし、ほっとする。

『お前の趣味は、一体なんだ』と、おやじのルピック氏は訊ねる――『もうそろそろ食って行く道を決めにゃならん年だ、お前も……。なにをやるつもりだ？』

『えッ！　まだ何かやるのかい？』」

と彼はいう。

「どうしても東大でなくちゃいけないのかよう」には、このフェリックスの「えッ！まだ何かやるのかい？」に似たものがたしかにある。

ぼくなども、実をいうと、生れる時に
「どうしても生れなくちゃいけないのかよう」

といっておけばよかったと後悔しているくらいである。一旦生れてしまうと、これで何かと苦労が多いものである。生れてしまうと、死ぬのがいやになるから奇態なものだ。

まあそれはそれとして、入学試験などというものも変なもので、こういう激しい競争は世界広しといえども日本だけなのではあるまいか。親が、ぜひこれこれの大学、学校に入れというのは、たしかに考えたものであろう。親は子供のそばにぴったりとくっついて、ああだ、こうだいわずに、遠回しに遠巻きに子供のまわりに柵をめぐらせて、やんわり梶をとるべきものだろうと思う。子供も独立の一人格で、その生涯はなるようにしかならないのである。

焼き蛤の哲学

海辺だというのに魚を売りにこないで、蛤を売りにきた。仕方がないから蛤を買った。外海でとれたせいか、東京湾内で採れるのより粒が小さい。さっそく七輪に炭火をおこして、金網をかけた。そして蛤を六つ七つならべて、そばに埃まみれになってころがっていた団扇で七輪の下をあおいだ。ふとみると、この古団扇には古い謡い本の反古が張ってある。「生田敦盛」のシテのサシ謡いの部分である。「五蘊《ごうん》もとよりこれみな空。何によって平生《へいぜい》この身を愛せん」云々のところであった。

蛤はやがて水を吹いて、ぱくりぱくりとふたをあけはじめた。さっそく熱いうちを賞味した。たいへんおいしい。外海の蛤だからか、砂がすくなかった。食べているうちに、団扇の文句が念頭を去来した。なるほどさっきまで生きていた蛤の身にとっては「五蘊もとよりこれみな空」である。いや焼き蛤もさることながら、さきごろ出た東京空襲の写真帳を一、二ページめくってみただけでも「五蘊もとよりこれみな空」である。そんな写真帳をみるまでもない。やがてわれわれことごとくが「五蘊もとより」をわれとわが身に味わう日がくるのである。もっともそのときは、ははあ、いよいよ五蘊もとよりの段取りになったかと感心することはできまい。もうなにもわからなくなっているのだから。

私は仏教徒ということになっているのだろうが、仏教の教義を信じてはいない。およそ宗教には縁のない人間である。「しかし五蘊もとよりこれみな空」まではよくわかるし、この意見に賛成である。ただし「だから弥陀如来にすがって極楽往生をとげよ」という後段には賛成しないし、極楽往生というような可能性はさらに信じない。ところが仏教の教義の前提をなしているニヒリズムというものは実に親しいものなのだ。なにも焼き蛤を食べなくても「五蘊もとより」は実感として私の中にある。

先日戒能通孝さんとテレヴィジョンで「知識階級」について雑談したが、戒能さんは「ああしてああすりゃこうなるもの」というところの材料を提供するところに知識階級のぎりぎりの任務があるといい、私は懐疑ということがそれだといい、結局は同じことを二人でいったわけで、焼き蛤にこじつければ「五蘊もとよりこれみな空」と知りつつ、その一方ではやはり当面の最大の課題をあたかも「五蘊もとよりこれみな空」ならずと信ずるかのように、やはり大まじめで追及してゆくべきものが知識階級であり、ひいては人間の生活態度ではあるまいか。

「五蘊」云々を完全に否定することは誰にもできないし、「五蘊」云々だけで世の中を渡っていくことは、できないのみならず、矛盾である。「五蘊もとより」と知りつつ、焼き蛤に舌鼓を打つというところが人間の世の中だろう。つまり反語というものを解するのは人間だけであるし、反語を解して初めて人間が「人間」になるだろう。

日中は猛烈に暑かったが、さすがに陽が落ちると涼風が立つ。田舎家の台所の片隅に投げすてられた蛤の殼の五つ六つ、輪郭も暮色のうちにしだいにぼやけていった。

男の食べ物

いろいろ考えてみたが、男だけが食べるものというのは、なくはないが、その数は少いようだ。結局酒の肴ということになる。それも、女よりも男の方が日本酒を飲むことが比較にならないほど多いので、日本酒を飲む時の肴が男だけが食べる食べ物ということになるのではないか。

たしかに鮃《ひらめ》の縁側などというものは女は食べない。酒を飲む時に男だけが食べる。鮑《あわび》のわたなんかも酒の肴以外には食べない。鮑のわたをおかずに御飯を食べる女なんていうものは見たことがない。栄螺《さざえ》の壺焼も男の食べ物だろう。むろん女も食べるが。

このわた、からすみ、塩辛、烏賊《いか》の黒作り、めふん、すべて日本酒の肴だから、女はあまり食べない。もずくも同様である。

男女を問わず食べるが、何となく女には向かないような食べ物がある。女がビーフ・ステーキなどを食べている恰好はあまりいいものではない。唐もろこしの横齧りも女には至極不向きである。半月形に切った西瓜にかぶりつく様子も、女には面白くない。松茸を食べる女を見ると少し滑稽である。松茸を料理しようとして、女が松茸を片手で握ってごしごし水洗いしている有様はいささかどぎつい。序《つい》でにいうのだが、この頃の歌うたい、特に女の歌い手が棒状のマイクロフォンを握って、顔をしかめて、味をつけて歌をうたっているのは、見ようによっては変なものである。

あんみつ、ショコラ、焼きいもなどを男が食べている図は見いいものではない。こういうものはどうしても女の食べ物である。塩豆も男のものではなかろうか。ソーセージも女には不向きだという意味で男の食べ物としよう。特にフランクフルター・ソーセージは、その太さや長さから見て女には不向きで、どうしても男の食べ物といわざるを得ない。ヴィーナー・ソーセージなら小さくて可愛いからいい。焼き蛤なども、女が食べてわるいということはないにしても、あまり見ばがよくないから、その意味で男の食べ物であろう。赤貝も同じ意味で、つまり消極的な意味で男の食べ物である。

私は近年、酒の肴に困った末に、梅干の吸い物を作らせるが、これも、懐石料理で一度出されたことはあるにはあったが、女は飲むまい。鳥わさ、鯛の皮のわさび和え、梅わさなど、いずれも酒の肴なれば女に縁はなかるべし。鶏のてば焼きを骨のところに紙を捲きつけてかぶりついて食べるというのも、女には似つかわしい食べ方ではないから男の食べ物であろう。

日本酒の肴になる食べ物と、美的見地からして女に不向きの食べ物、この二つが男の食べ物ということになるのではないか。

うまいもの

相撲稽古を部屋へ見に行って、食べさせられたチャンコ料理の味が忘れられず、うちで真似してやってみた。材料はかしわだったが、うまくも何ともなかった。尤《もっと》も酒石酸もポン酢もなかったので、ただの酢でつけ汁を作ったから、うまくないのもむりはないと思ったが、それにしてもまずすぎた。

その後、お相撲さんにうちへきて貰って、お相撲さんの手で直接にこしらえて貰い、かたがた料理法を教えて貰った。

まず材料だが、材料は白身のお魚なら何でもいいようだが、鱒はお相撲さんはばかにきらうようである。鯛、かわはぎなど、むろん結構であるが、どうも一番うまいのは「アラ」という魚らしい。この「アラ」というのは深海魚らしく、普通の魚屋では売っていないようである。味は魚とかしわの合の子みたいで、肉がしまってぷりぷりしている。九州の方では普通の魚屋さんの店頭にも見かけるようだが、東京では一向に姿を見せない魚、とにかくこの魚がチャンコ鍋の材料としては一番うまいようだし、お相撲さんもこれを最も好んでいる。

野菜は何でもぶち込む。ただもやしやごぼうを入れることには気がつかなかった。豆腐も不可欠らしい。あとは白菜、ねぎ、人参などを入れることもあるらしい。まあ普通に寄せ鍋などで使う野菜の類は何でも合格ということらしい。

問題はつけ汁である。「だいだい」をしぼるのが第一着だが、その際、「だいだい」の皮は剝かなければならない。それから、絞る時は、片手で「だいだい」の実を握って、ぎゅっと一度だけ絞って、あとはそのまま棄てるのである。二度も三度も、ぎゅうぎゅうやると、絞り汁ににが味が出ていけないのだそうである。皮を剝くのも同じ理窟で、皮ごと絞ると、やはりにが味が出るのである。

大きな鍋を火にかける。お相撲さんは鍋の中に板昆布を敷いたりするような手間はかけず、普通はただ水を入れるだけで済ましてしまうようだ。ぐらぐら煮えたぎってきたら、いよいよ材料を入れる。

ここに一つのコツがある。ぶつぎりにした魚肉は（かしわの場合は、骨つきのかしわはそのままでいいが）、予め塩をぱらりとごく浅く振っておく。そうしておくと、鍋に入れてから、身がくずれないで、いつまで煮ていても、身が締っているのである。

つけ汁の作り方は、予め絞った「だいだい」汁をベイスにして、それに醬油を入れ、煮え上った鍋の中の汁で、それを適当に薄める。そこへ大根おろしを加え、七色唐辛子を入れる。唐辛子も特別なものがあるようで、普通に売っているのの十倍ぐらい辛いのを使うようだ。どこかで売っているにはちがいないが、どこで買えばいいのかわからない。

煮え上った鍋の中のものを、つけ汁につけて食べればそれでいいわけだが、チャンコ鍋にかぎらず、こういう鍋ものはみなそうだと思うが、初め材料を入れる時、一度に沢山のものを入れてはならない。少しずつ入れるのである。そして煮上ったら、さっさと食べて、その都度鍋をからにする。からになったところへまた新手を入れるというようにするのが、この鍋ものを食べるコツであるようだ。

問題はだいだいあるいは柚子だが、そういうものがいつどこでもふんだんに手に入るわけのものではない。そこでお相撲さんは酒石酸をその代用品に使う。酒石酸にすると、酢味、酸味が強すぎるかもしれない。

この鍋料理は、どちらかといえばお酒のさかなで、いわゆる御惣菜にはあまり適していないかもしれないが、お酒ぬきで、いきなり御飯のおかずにして食べても充分に食べられる。冬の料理だから、冬つくお餅を入れると、これがまたすばらしくおいしい。

こんなことは書かなくてもいいが、私は四十五歳になる。人間、四十五歳になると、よほどおなかが空いていないかぎり、何を食べても同じことで、あれがうまい、これがうまい、と口では一応いうものの、実は食べるたのしみはもうよほど減退しているのではあるまいか。ほかの人もそうだろうか。

強いてうまいものと思われるものを挙げてみろといわれると、子供の頃に食べて、ああこんなおいしいものがあったのかと、感心したようなものが、今だにうまいといわざるをえないのだ。よく年の寄った人の書いているものを見ると、大抵の人が子供の頃に食べなじんだものを、今だにうまいものとしている。その「うまさ」は、感覚で受けとめて、感覚が出した鑑定ではなくて、心理的な「うまさ」ではなかろうか。地面の上に、たとえば幅三尺の線を、縦に長く引く。その幅だけの上を歩いてみろといわれて歩けない人はいない。誰にでも歩ける。ところが深い谷の上を、幅三尺の板が千米も二千米も長々とさし渡してあるような場合、誰にしたところがその上を平気で歩いて行くことは出来ない。こわくて足がふるえて駄目だろう。幅は同じ三尺でも、歩ける歩かれないは、こっちの心理の問題で、物理学の問題ではない。それを逆にしたようなのが、子供の時分にうまいと思ったものは、たといそれがほかの人たちの目から、いや口から見ればまずいものであろうとも、その人はそれを死ぬまでうまいと思い込んでいるわけである。岡山生れの内田百閒おやじは、いまだに岡山の大手マンジュウというマンジュウをこよなき珍味としておられる。私などが食べてみたところでは、うまくも何ともない。これなども百閒先生は、あの田舎マンジュウを舌で食べずに、頭で食べておられるわけだろう。

そういう意味でのうまいものを除外すれば、私のような歳になったものには、いつ食べてもうまいというものがないというのが実状ではあるまいか。さてそうなると、口をごまかす算段をしなければならぬ。そのごまかしの手段が酢であり、ポンズであり、酒石酸なのであろう。あるいは唐辛子であろう。つまりわれわれは材料そのものをではなくて、その扱い方を食べるということなのかもしれない。

さてさっき除外した私自身の、心理的美味に関していうならば、トンカツとカレーライスである。これは白状すまいと思ったが、最後につい本音が出た。

いーや、いや

北海道大学で、自分の勝手から喧嘩をして、誰がこんなところにいてやるもんかとばかり離縁状を叩きつけ、小樽から出る船で帰ろうということになった。船が出るまでにはまだ四、五日ある。その四、五日の間は、今思い出してもすさまじかった。昼間はとにかく夜は浴びるほど酒を飲む。そうやって迎える翌日の昼はまことに索漠憮然たるもので、札幌の町の中をただやたらにほっつき歩いた。六月だった。バラック建に近い家々の広い道には、午下がり、人影も見えない。遠くの方で、犬が一匹道へ飛び出してきて、二声、三声、吠えた。薄ら陽が差していた。そういう昼間のあとに夜を迎える。例の如き大酒である。

やっと船に乗り込んだ。氷川丸であった。一等船客ということであるが、七、八人こみの一部屋である。午後乗り込んで、初の夕食を迎えた。食べ物がまだそう潤沢ではなかった頃であるが、食堂中央の比較的大きいテーブルにはおいしそうな料理がずらりと並べてある。同じ部屋の人たちが黙ってそのテーブルへ行くので、私も何ということなしにそのテーブルに席を占めた。当時としては相当な御馳走であった。食べている最中、どういうはずみかもう忘れたが、その食事が船賃に含まれている通常食ではなくて、特別食、特食だということが解った。そうだ、ボーイさんはたしかに「特食」と言った。一回分が二円五十銭か、二十五円か、二百五十円か、これも忘れたが、とにかく特別に払わなければいけない食事だった。

金は殆どすべて使い尽して船に乗り込んだのだから、それからそのあくる日、そしてもう丸一日、四日目の朝横浜に着くまでの間、特食で通す金の持ち合わせがない。一度食べただけだって、あとに横浜から東京までの省線電車の切符が買えるか買えないか位の金しか残らない。残金をはっきりさせたかったので、私はいつも残金をはっきりさせておきたい性分なので、ボーイさんにその場ですぐ払いたいと申し出たが、ボーイさんはあとで一緒でいいと言ってきかない。それでもこっちの都合もあるからと言って、無理やりに勘定させた。それが二円五十銭か、二十五円か、二百五十円かであった。昭和二十三年のことである。北海道大学から貰った退職金が二百五十円だったから、あの一回の食事が二百五十円であった筈はない。とにかく食事途中で、これは特食で、料金は別払いと知ってからは食べ物が喉を通らない。頭の中では、困った、困った、えらいことになったと呟いている。

それでもどうやら食べ終って、食堂の外へ出た。部屋へ戻って暫くすると、同室の連中がどやどや帰って来たが、みんな特食の顔をしている。そのうち二、三人が鞄の中から酒や食べ物を出して酒盛りが始まった。むろん出資、いや出品しない者がこの酒盛りに参加することは出来ない。狭い部屋の中で、わいわい騒いでいる連中をただ眺めているのも芸のない話で、仕方がなしに外へ出た。

さてその次からは、お仕着せの普通食である。普通食のテーブルは細長くて小さく、もう二人の客が、そこについて食べ始めていた。普通食の客は私を含めて、三、四人しかいなかった。むろん食べ物は特食とは比較にならなかった。特食のテーブルでは、酒も持ち込まれて二十人ほどの客が賑やかにやっているのに、普通食のテーブルではその三、四人がものも言わずにうつむいて、もがもがと食べているばかりである。実に何とも言いようのない気持であった。晒し者になったような、若い娘が人前で素っ裸にされたような、とにかく居堪らない気持だった。

そこで急いで食べ終って外へ出る。部屋に帰れば帰ったで、他人の宴会を隅の方で眺めていなければなるまい。そこで甲板に出る。甲板をうろつき回って、特食の連中の船室内の宴会が終る頃まで暇潰しをする。暇潰しといっても、狭い船内ですることはありはしない。昼間は甲板の一番高い、人気のないところへ上って行って、寝ころんで過す。この状態が丸二日続いた。あの時の苦しさは全く忘れようにも忘れられない。お陰で「潮風に吹かれて、お色が真黒け」になった。

四日目の朝、横浜港について下船し、桜木町の駅から省線に乗った。幸い車内は空いていた。その空いた車内に腰を下ろして、北海道弁の「いーや、いや」とぐったりした。今の子供たちの言葉で言えば「参った、参った」であろう。

旅と食べ物

駅弁では、私はお膝元の東京駅のと、博多駅のを一番うまいと思う、どちらの幕の内も、料理の品数は決してそう多くはない。むしろ少ない。しかしいいものが入れてある。見た目には綺麗で品数も沢山あるが、食べて少しもうまくない駅弁が沢山ある。博多駅のお弁当はさて措き、東京駅の幕の内弁当が案外うまいことを知らない人が多い。たまには気が変わるので、夜の酒の肴に、東京駅まで人を遣って、駅弁を買って来させることさえある。そうして台所で、買って来させたばかりの駅弁の蓋を開いて、それを肴に酒を飲むと、お酒にいつもとは違った味が出てくる。

私の利用する列車の食堂には、帝国ホテル、日本食堂、都ホテル、新大阪ホテルで(?)などが店を出しているが、いつであったか、稲荷ずしを肴に汽車の中で一杯やってみたいと思って、うちで拵えさせて、車中に持ち込み、やおら包みを開こうとしたら、「持ち込みはお断り致します」と女給さんに叱られた。しかし第一に食堂車で出す料理のうち、値の張るものが二つ三つもう目の前に並べてあったし、第二に稲荷ずしは食堂車のメニューにはないし、第三に隣席の客たちは持ち込みのウイスキーで大いに気勢を揚げているので、よほど何かいってやろうかと思ったが、考えてみると、持ち込みお断りも尤《もっと》もな話で、何もいわずに稲荷ずしの包はそのままにして置いて、同行の知人と大いに酒を飲んだ。酒肴を持ち込まれて、食堂車の席を占領されては、列車食堂側も商売にならないから「持ち込みは一切お断り」というのは筋が通っている。

列車食堂の料理はまずいとはよく聞く言い草だが、これに対しては内田百閒先生に聴くべき反論がある。すなわち第一に、「そんなことをおっしゃる方々は、不断おうちでどんなお料理を召し上がっていらっしゃるのだろうか」、第二は「高橋さん、その『まずい』ビーフ・ステイキだって、時速九〇粁で走っているのですぜ。その料金も定価に入っているのですぜ」である。

内田先生の御意見は御尤もである。御尤もであるが、しかし列車食堂の料理はうまいとは申されぬ。味が画一的で、何を食べても一様にどうもこうばさばさしていて、湿りっ気がない。列車食堂の料理で一番安全なのはハム・サラダである。これはたしかにハムの質もよく、値も安い。輸入ウイスキーも安い。この二品に取り組っていれば安心、安全である。

旅先の料理で面白かったのは、鹿児島のあるホテルの朝食だった。和食ヴァイキングである。ご飯とおみおつけは給仕さんが運んでくる、おかずは銘々が料理の並べてあるテーブルへ取りに行かなければならない。並んでいたのは、かまぼこ、生卵、さつま揚げ、つぼ漬、キャベツと玉ねぎのサラダ、のり、白豆の甘煮、そんなものだっただろうか。生卵が一番おいしかった。

いつも酒を大量に飲むせいか、食欲がなく、何を食べてもうまくない。外で出される普通の料理で、これはうまいと思ったものは殆どない。そこで我儘の言える自分のうちでの料理が問題になってくる。文句を言い言い、あれこれと作らせて、並べてみるが、すぐに食欲がなくなる。そうすると最後に残るものは、わずかに納豆、梅干の吸い物、とろろこんぶのお汁《つゆ》、おこうこぐらいのものである。もともと魚はあまり好きではないので、酒の肴に苦労する。

旅に出れば文句は言えないから、出されるものには何にでも一応箸はつける。しかし「ああ、うまかった」と記憶に残っている料理は皆無に近い。ただ北海道の冬に、キャベツや人参に麹を入れて塩漬けにしたおこうこのうまかったことは今でも忘れられない。北海道へ何度も行くが、あのおこうこには、その後はとんとお目にかからない。

九州の下宿では、朝起きてすぐ牛乳を二本飲むだけである。昼食は大学でカレー・ライスかトンカツを取って貰う。そういう料理には、うまい、まずいを超越した幽玄な味わいがある。義務として食べるのである。幽玄なる義務か、呵々《かか》。

九州での夜も大抵酒になる。酒になればものは殆ど食べない。以前は懇意の小料理屋があって手のかかった、しかもありふれたものをおいしく食べさせてくれたが、主人が年老いて店を閉じてしまったので、ドイツ語でいうシュタムレストラン、シュタムロカール、つまり行きつけの店がない。それでも古くから知合いのバーテンダーが小さな店を出し、いろいろな種類のチーズを用意しているので、そこへ行って酒を飲み、チーズを沢山食べる。時によれば、前の飲み屋から電話をかけて、きつねうどんを注文して置いて、それから出かける。まず健康のためにきつねうどんを食べ、それから酒を飲み、チーズを食べる。このバーテンダーは去年の暮に急逝した。

私は「食通」などという人間ではないし、また食べることそのことがあまり好きではない。食べることは、生きて行く上での必然の悪だとさえ思っている。食べるたのしみは私は知らない。食べることをも含めて生きて行くということは実に面倒臭い。そうかと言って死ねもしない。

ふぐの味

初めて河豚《ふぐ》を食べたのは昭和四年頃である。浅草の区役所の並びにあったふぐ屋へ叔父に連れて行かれた。酒も大いに飲んだ記憶があるから、私はもう高等学校の生徒だったのだろう。ところがさてふぐは当る、怖いということはとうに承知しているから、鍋の前に胡座《あぐら》をかいたはいいが、内心へっぴり腰である。箸がふぐの肉へ行かずに、春菊の方へばかり向う。笑いを噛み殺していたらしい叔父が遂に「春菊が好きだねえ」と笑い出した。そこで仕方がないからふぐを食べた。決死の覚悟だったので、うまいのかまずいのか、あまりよく解らなかった。

しかしこの叔父のお伴をして何度かふぐ屋の敷居をまたぐうちに、ふぐが段々うまくなってきた。私は子供の時分にあまり魚を食べさせられなかったせいか、魚はどうもいまだに苦手である。しかしふぐは魚ッぽくない。かしわの領分と魚の領分とが境を相接する辺に泳いでいる魚である。肉になまぐさ味が全くない。

ふぐから魚の国の中心部へ向って一歩入ったところにいるのが鯱《あら》という魚である。

味はふぐほどにあっさりしていないが、歯ごたえは鶏肉の笹身に似ていて、至極淡泊である。鯱の刺身は食べたことはないが、チャンコ鍋でちりにすると、ふぐよりほんのわずか脂ッ気が強くて、うまい。しかし、酒の肴としては、やはりふぐの方が一段上であろう。

ふぐの刺身は、鍋にしてもそうだが、身そのものに味がないから、ポンズがうまくなくてはいけない。それからまた、刺身を永いことポンズの中へ漬けッ放しにして置くと、刺身の味が飛んでしまう。遠江《とおとうみ》と言われている皮と身の間のような部分も、ものそのものに味があるわけではないから、やはりポンズと高等ねぎ（九州の方では細いわけぎのようなねぎをそう呼んでいるようだ）と紅葉おろしで騙して喉へ押し込むわけである。

何と言ってもちりがふぐを食べる本来の食べ方であろう。皿をお代りする頃は、もうかなり酒が廻っているから、ふぐの味は解らなくなってしまう。私は酒飲みの癖に餅が好きなので、よく鍋の中へ餅を入れて貰うが、餅は一寸煮えたらすぐに食べないと、べろべろに融けて、へべのれけになってしまう。

ふぐのひれをよく焼いて、コップの中へ入れ、そこへうんと熱くした日本酒を注ぎ入れて、一寸間を置いて飲むひれ酒も、最初の一口はうまい。例の酢豆腐の趣がなくもない。但しこのひれ酒というやつ、永く放ったらかして置くと、酒になまぐさ味がついて、飲めなくなってしまう。餅と同じことで、さっさとコップを空にしなければいけないらしい。白子（睾丸）も、鍋に入れて煮て食べるのはいいが、白子酒というのは少ししつっこい。白子酒にも「一口に限る」酢豆腐めいたところがある。大体私は飲み家であって、食べ家ではないので、点がとかく辛くなりがちで、ふぐには少し気の毒である。

その飲み家の私がこれはうまいと舌鼓を打つのがふぐ雑炊である。ふぐ鍋の汁で雑炊を作るのである。飛騨の高山で鮎雑炊というものを食べて、うまいと思ったが、これは雑炊の中に鮎が入っていた。ここで言っているふぐ雑炊は、ふぐを煮たちり鍋の残りの汁だけで雑炊を作るのである。料理屋でしか食べたことはないので、仕立て方が解らないが、お米からふぐ鍋の残り汁でおじやを作るようにして炊くのであろう。

総じて鍋物は、くだけて伝法に食べないと気分が出ない。結構な座敷の片隅にガス・コンロを置いて鍋をかけ、女中さんが煮上ったのを小鉢に取り分けて、客の前へ持ってくるというような食べ方をしていたのでは、鍋で食べるということの意味がなくなってしまう。また一座には必ずと言ってもいいほどに鍋の支配人になりたがる人がいるものである。こっちが勝手に春菊やふぐの身を入れたりすると叱られる。だから鍋物の時は、そういう鍋奉行に万事を任せて、「さらば辨慶、よきに計え」と義経もどきで盃を傾けているに限る。

虎ふぐに限る、いやしょうさい、いも結構うまいなどと煩《うるさ》いことだが、新しければどんな種類のふぐでもおいしいのではなかろうか。

国栖魚

あゆを食べ始めたのは、酒の味を覚えて、小料理屋や料亭に出入りするようになってからのことである。子供の頃にはむろん食べた覚えがない。御飯のおかずにはならない魚である。

大体このあゆという魚は、もう少しのところで魚の世界から、別の世界へ飛び出してしまいそうな魚で、このことはあゆと鯖あるいは鰤あるいは鮪などを較べてみるとよく解る。鰤や鮪も、あゆとは別の意味で限界的魚であろう。もう少しのところで鶏肉や牛肉の世界に入ってしまう。あゆは同じくもう一押しすれば海草類、つまり植物の一族になりかねない。それほど味が淡白で、魚ッ気の少い魚である。

私はあゆと聞いてすぐに謡曲の『国栖《くず》』を思い出す。『国栖』では国栖魚と呼ばれているあゆが、一旦は死んでいるのに、それを「岩ぎる水に放せば」生き返るのである。古来お目出度い魚とされてきたのであろう。

ところが酒の肴として、あゆは蟹と同じく私にはあまりありがたくない。というのも、あゆも蟹も指先をよごさないと食べられず、よごれた指先についた匂が、酒の香を妨げるからである。特に冬場、がざみ蟹を指でむしって食べていると、指先が変に冷たくて、何だか佗しい気持になる。尤《もっと》もあゆを食べる頃は陽気もいいから、びしょびしょしたような佗しさはないが、それにしても指先についた匂が気になって酒が進まない。そこで大抵は料理屋の女中さんに骨を抜いて貰う。あの骨抜きも一つの技術で、素人がやっても仲々うまく行かない。

あゆのうまいところは尻尾と鰭である。何のことはない。塩を一杯にふりかけた煎餅のようなものだが、私にはあれがうまい。それからうるかがうまい。うるかにも二種類あるらしい。白うるかと何とかうるかである。一度この白うるかを岡山県の高梁《たかはし》の油屋旅館の御主人から頂戴したことがあるが、うまかった。高梁川で採れたあゆの子でこしらえたものであろう。うるかも御飯のおかずにはならない。あゆという魚も因果な魚で、ただ専ら後日酒席に侍ろうがために清流を游弋しているらしい。

料理屋の中には、あゆ漁解禁になる前に小さなあゆを客に供するうちがある。私の中にいる妙な正義派は、あの小さなあゆを見ると腹を立てる。そうまでしてあゆを食べなくてもいいのにと思う。

あゆの料理法もいろいろとあろうが、私には一番ありふれた塩焼が結構であるが、飛驒の高山の料亭で出されたあゆの雑炊は逸品であった。つゆの表面にはうっすらとあゆの脂が浮んでいる。あゆの香気はそのままに、生ぐさッ気など全くない。あゆの姿ずしというようなものもあるにはあるが、御飯とあゆとの取合わせではあゆの雑炊の右に出づるものはあるまい。生ぐさッ気がないと言えば、鮪の中落ちの茶漬も全く生ぐさくない。鮪のような、脂ッ気の濃い下魚《げざかな》も、中落ちは至極上品である。ただこの中落ちは普通われわれの口に入りにくい。貝殻や硬貨でこそげ落すのだそうで、私はこれを時々河岸の問屋の主人から贈られる。御飯の上に中落ちを並べて、わさびを載せ、醤油をかけた上へ至極熱い湯を注ぎ、暫く蓋をして置いて食べるのだが、うまいの何のッて話にならない。

あゆも一度この伝で食べてみようと思っているが、あゆにお目にかかるのは大抵料亭の席だから、ごたごた註文するのも気が重く、あゆ茶漬はまだ食べたことがない。

去年だったか、一友人が自分で釣ったあゆを五、六尾、魔法瓶に入れて持ってきてくれた。むろん塩焼にして食べてみたが、不思議と例のあゆ独自の香気が全くなかった。微妙な自然の香気や味は、やはり公害のために次第に失われて行くのであろうか。と同時に、あゆの養殖が成功して、やがてあゆは四季を問わずに食べられるようになるかも知れないが、そうなっては何だか趣がなくなる。

「抑々《そもそも》花という萬木千草に於いて四季折節に咲くものなれば、その時を得て珍らしき故にもてあそぶなり」と古人は言ったが大寒にあゆの塩焼では、大寒が泣く、あゆが泣く。造化への反逆はやがて手痛いしっぺ返しを受けそうな気がする。

マルタ漁

午前十時すぎ、御茶の水駅の改札口にどうやら六人は集まったが、もうひとりふたり、きそうなのがこないので、伝言板に「笑獣様、錦糸町ヨリ浦安行キバスニテ××屋ニ来レ」と書いた。笑獣というのは、昭十の音で、昭和十年に学校を出た仲間で作っている会の名である。ある先輩がこの笑獣大会に出てきたので、つぎの会合の幹事をつとめてはくれまいかと頼んでみたら、笑獣などという妙な名前の会の幹事をつとめたりすると、自分の履歴に傷がつくからいやだと断わられたという因縁のある会で、会を催すと、なんとなくみんなが集まってきて、やあとかなんとかいうだけで、あとはただもうお酒をがぶがぶ飲むのである。

ついこの間のは、浦安から網船を出そうというのであった。笑獣連が海へ繰出すと、不思議と不漁である。いつだったかは七、八人が竿を並べて、私が三寸くらいの得体の知れない魚を一匹釣っただけだったし、また別の時には、一日網を打ち回って、ウグイという魚が一匹しかかからなかった。私だけが一匹釣り上げたおりは、もうひとり別の笑獣が「大きいぞ」と叫んで、竿を弓なりにさせているので、全員固唾をのんだが、それはカギがわれわれの乗っている舟の舟底にかかったのであった。それやこれやで、魚はすばしこくてだめだから、次回からははまぐりとかあさりとか、そういったあまり動かないようなものをとることにしようと申合わせたが、はまぐりやあさりだと海の中へ入らなければならず、そんな面倒臭いことはいやだという意見が出た。しかしなにしろ暑いから、魚などとれてもとれなくてもいいから海へ舟を浮かべようということで、浦安行きと決まったのであった。

潮は午前八時ごろがいいという舟宿からの知らせだったが、どうやら舟の中に座り込んで、ともづなが解かれたのは、もう十二時をよほど回っていた。舟宿の前の運河から、江戸川の本流へ舟が出るか出ないかに、もう酒びんのセンをぬいて、コップを並べた。

それでもこの日は不思議と魚が随分かかった。船頭さんにきくと、マルタという魚だそうで、最初は洗いにして出してくれたが、味もそっけもない。やがてお定りの天ぷらが揚がってきた。しかし天ぷらが揚がってきたのはいいが、一升びん二本はもう全くカラになっていて、どうにも格好がつかない変な気持でみんなは天ぷらをながめている。魚にくわしいひとりが、大体マルタなんて魚は魚のうちに入らないんだと力み出した。そうすると、鳥でいえばジュウシマツやカナリヤのようなものかなと私は少し酔った頭で考えた。海の面も酔ったようにとろりとして、風が全くない。空は薄ぐもりで、どことなく日があたっている。遠くの方で、トントトーンと音がする。そういえば一日延期になった川開きの花火だろう。みんな何かこう腐ったイカのようにだらりとしている。

海の上で天ぷらをながめているわけにもいかないということが、みんなにだんだんとわかってきたので、陸に上がることにした。六人が六人、少しよろよろして帰ろうということになった。すると誰かが、業腹だからマルタをもらっていこうといった。何が業腹なのか、誰にもよくわからないらしかったが、そういわれればどことなく業腹のような気がしてきたので、マルタをおみやげにもらおうということになった。

小学校前のバスの終点まで歩いて行く間、そのマルタが臭くてしようがない。誰かがマルタなんか持って帰ったって仕方がないじゃないかという。そこでその辺に遊んでいる子にマルタを入れた網をやってしまった。

翌朝、鏡を見たら、鼻の頭が少し日焼けしていた。マルタ焼けかもしれない。

すずめずし

見送られるのはてれくさい。発車時までの間が持てないのである。それに、大ていの場合は別にこれという話があるわけでもない。だから、もういいから、帰ってくれといった。すると義弟は少し真顔になって「どなたかとご一緒なんじゃありませんか」と小声でたずねた。つまり私がたれか女のひとをつれていて、それを義弟夫婦に知られまいと思っているものだから、早く帰ってくれといっているのかという意味だ。この義弟の細君はすなわち私の女房の実の妹である。義弟は夫婦そろって駅にやってきたのである。嫌疑は即座に晴れて、大笑いになったが、私は少し損をしたような気持もしないではなかった。

岡山へ講演に行って、一晩岡山にとまり、翌朝早く発って、大阪まできて「はと」に乗りかえる。そこに二十分という時間がある。プラットフォームに突立っているから、すずめずしとバッテラ（さばずし）とを買って、駅へきて私に手渡してくれとかねて手紙で大阪住まいの義弟夫婦に頼んでおいたので、それを持って駆けつけてきてくれたのである。

大阪ずしとの馴れ初めは、四年ばかり以前、大阪の友人が汽車弁当の代りにといって、大阪駅で私のカバンにバッテラを一本ねじ込んでくれたのが始まりだ。歳のせいか、どうも東京の「握り」よりも大阪のすずめずしやバッテラの方がこのごろではおいしいように思う。そして東京でも、大阪ずしを作って売っているすし栄や北浜ですずめずしを買って食べる。だから一度、本場の大阪の、一番うまいといわれているすずめずしが食べてみたいと思って、義弟に頼んだという次第である。

義経千本桜の舞台よろしく、東京駅ではすずめずしとバッテラとを詰めたボール箱を小わきにかかえてプラットフォームに降り立った。女房その他が出迎えにきていた。旅から帰ると、どこかで一杯やらずには家へ帰れない。二軒ばかり友人と飲み廻った。酔いを発するとすしのことが気にかかってきた。つまり持参のすずめずしとバッテラとは大阪でも一番といわれるほどのうちの品だから非常にうまいはずだし、そのうまいすしを自分が持っているということをひとに知らせたくなったのである。そこでそれぞれ飲み屋の主人に一本ずつ進呈した。別れ際に友人にも一本進呈した。うちに帰って、椅子に坐ると、もうかなり酔っている。酔いが少し深いと、ものを食べる気が全然起らない。しかし飛切りうまいにちがいないすし萬のすずめずしを、今切らせずにおく手はないと思ったから、切らせて、一片食べた。酔っていたから味はよくわからない。

翌日は、尾崎士郎さんと海音寺潮五郎さんと内田百閒さんのところへ、持ち帰ったすずめずしをそれぞれ家人に持たせて差上げた。さていよいよ食べようと思ったら、もううちには一本もなかった。ゆうべのは残っていないかときいたら、ゆうべのうちにみんな食べてしまったということだった。

四、五日すると、すしをお届けした先々から、あれは実にうまかったというお礼とご報告がいろいろな形で私のところに届いた。家人も、本当においしいものでございますねという。私は得意になって、そりゃうまいさ、皆さんがおよろこび遊ばすのもむりはないさと得意になってみせた。けれども大阪のすずめずしがどんなにうまいかは私は知らないのである。業腹だから、酔って食べたあの一片の味を思い出そうとしてみたが、むろん思い出せはしない。今度すずめずしがきたって、もうだれにもやらないぞとひそかに決心した。

続すずめずし

K君がきて、結婚するから媒酌人を相勤めろという。K君は、ぼくが旧制のT高等学校のドイツ語の教師をしていた時分の愛弟子である。今は何とかいう大銀行につとめている。まだ重役にはなっていない。ぼくは今までに媒酌人というものをやったことがない。やったことがないものは一度やってみたい。だから引受けた。

引受けて、とっさに頭にきたのは、モーニングを新調してやろうということだった。今のはもう十五年も前にこしらえたもので、からだにも合わないし、型も古めかしい。モーニング新調には絶好の機会である。女房に対してもやましいことは少しもない。何しろK君の御祝言という立派な理由がある。そこで女房に向って「おれはモーニングを新調する」とおごそかに宣言した。

すると女房はにやりと笑った。そうしてこういった。「わたくしは裾模様を新調させていただきます」。虚を衝かれて「おい、おい、そんな」といったが、あとが続かない。村田銃で撃たれたら、こんな気持がするのだろう。そして女房は「ついででざいますから、帯も新しくしていただきます」といい添えた。どんなもんじゃ、というような顔つきをしている。

こうして、女房がぼくのうちに嫁入りする時に持ってきた黒の裾模様は不用になった。一番上の娘はまだ高等学校の一年生だから、この娘のために取っておくということもならない。そこで女房はこの裾模様を大阪にいる妹に進呈するといい出した。ぼくに異存はない。この前の文中に出てくる、梅田の駅へすしを届けてくれた、あの妹である。

こんどぼくが東京から九州大学へ帰る時に女房を同伴した。九州のやもめ暮しの下宿の寝具その他の整理をさせるためである。ちょうどいいおりだから、大阪駅にまた妹に出向いてもらって、問題の裾模様を手渡せばいい。しかるにぼくが一度でいいから、国鉄一等の特別室で旅行してやろうと考えているうちに、一等が廃止になってがっかりしてしまったが、きけばその車はそのまま二等車として使っているという。よろしい、一期の思い出にそいつに乗ってやろうと決心した。ところが身分不相応のことをしたからなのか、前の晩の深酒がたたったのか、車中二度げろを吐いたので、六時ごろにはもう寝台を作ってもらって、大阪到着までひとねむりすることにした。その汽車の大阪着は夜の十時すぎである。

こんなに風が吹いていては、今にこの家もばらばらに崩れてしまう。家ばかりか、自分のからだまでぐらぐらと風に揺られている。目を覚ましたら、汽車の寝台の仮寝の夢だった。目を覚ましたのは都合よく京都駅だった。下段に寝ている女房を起して、少し身じまいした。寝覚めは例のごとくあまりいい心持ちではなかったが、有難いことに吐き気は去って、お腹が空く。

東京で乗り込んだ列車食堂の勤務員は、大阪で別の組と交代する。交代間際の食堂はがたがたしていて、何か頼んでもあまりいい顔はされない。いっそボーイさんに頼んで、コンパートまで持ってきてもらった方がいい。そこで係りのボーイさんに、サンドウィッチ二人前とビールとオレンジ・ジュースとを頼んだ。

汽車が京都を出て、ボーイさんが注文した品々を持ってきてくれた。頼んだ時が遅かったし、持っていって、かなりの時間が経ってから「持って参りましてございます」と持ってきてくれるまでに少し手間どったので、ぐずぐずしていては大阪駅に着いてしまう。そこで大急ぎでサンドウィッチを詰め込み、ビールを流し込んだ。そして両方ともきれいに平らげた。サンドウィッチは普通の二人前より少し余計にあったような気がする。

大阪駅のプラットフォームには、この前と同じように義弟夫婦が出向いていた。女房は持参の裾模様のふろ敷包みを妹に渡す。義弟は「この前、すずめずしをお渡しした時のことが××新聞の随筆のたねにされていましたね。今晩のことも書かれてしまうんじゃありませんか」という。「で、今日は御好物のすずめずしとバッテラを一本ずつ持ってきましたから、汽車の中でどうぞ」といって、この前のと同じ品を私にくれた。「義孝さん——と義弟はぼくのことをこう呼ぶ——は、この前、たくさん、すずめずしを買ったのに、自分はたったひとときれしか食べないと書いていらっしゃったが、私なんぞまだ一度も食べたことはないんですよ。こういうおすしを一度食べると、会社へ往く時のメータク代がそれで飛んじゃいますからね」と謙遜する。しかるに彼は勤め先ではもう重役に近いくらいのところにいるのだから、貧乏教師のぼくなんかより、よっぽどすずめずしに縁が近いはずなのである。

汽車が動き出してから、寝台の上にあぐらをかいてすずめずしの包みを開けたが、サンドウィッチとビールという先客があるので、胃の中におすしの入る余地はない。食べないのは癪だから、むりにひときれだけ口の中に押し込んだ。舌はうまいが、胃は苦しい。

朝、汽車の中で目を覚ましたら、すずめずしの残りは女房が夜中に少しと、朝は朝食代りに全部食べてしまっていた。それからバッテラの方は、これがひどく好きだという人が九州にいるので、その人に進呈してしまった。ぼくの場合、どっちへどう転んでも、すずめずしはひときれというのが、神の定め給うたところらしい。

儚い望み

舌は、味覚は、怖るべき保守主義者である。

お酒をよく飲むので、朝、食欲がない。若い時分なら、胃の調子さえよかったら、食べて少しもうまくはない。ところが食卓に、子供の時分に食べ慣れたものが出てくると、食欲はないのに、ものそのものは決してうまいものではないのに、不思議と喉に通る。炒《い》り玉子がその一つである。炒り玉子は学校へ持って行くお弁当のおかずであった。舌とは古い馴染みである。舌は従ってこれを拒否せぬどころか、文句なしに歓迎する。

高等学校のグラウンドの柵の向うの道越しに、高等学校の生徒ばかりを相手にしている食物屋があった。煮魚からうどん、そば、カレーライス、ハムライス、カツ、夏なら氷水、ラムネ、サイダー、ゆで小豆、親子丼、何でもあった。下宿で食事の世話をして貰わないでいた時には、そこで朝食を取った。味噌汁は丼に一杯盛って出てくるが、薄い味噌汁で、身は大抵葱である。そこへ油揚を細く刻んだのが浮いている。

この味噌汁がうまくて、うまくて仕方がない。この頃、うちでそういう味噌汁を作らせようとするが、なかなか似ない。

炒り玉子といい、薄い味噌汁といい、安い粗末な料理である。子供の時分、若い頃に、高い凝った料理をつね日頃口にするわけはないので、食べるものはみな粗末で簡単なものばかりだった、そういうものを初めに、食べ盛りに、うまい、うまいと食べた記憶が舌に消し難く刻み込まれているので今でもそういうものに出会うと、もう文句なしにうまいと思うのである。従ってこれは味覚の問題というよりも、心理の問題であろうか。これはうまいのだ、これはうまかったのだという記憶が、そういうものに出会うと再生されて、ただもううまいと思うのであろうか。

支那そばも、醬油だけで味をつけた安物のを最初に食べたので、だしの充分に効いた立派なおそばもまずくはないが、中学生の時分に親の目を盗み、先生の目を盗んで、友だちと一緒にするすると啜《すす》った安支那そばが、やはり今でも一番うまいと思う。

中学校の門前の貧相な西洋料理屋で、午《ひる》になると変なサンドウィッチを生徒相手に売っていた。今のホット・ドッグに使うようなパンに、たてに半分庖丁を入れて、中に肉のペーストみたいなものが塗りたくってある。これが実にうまかった。またカレー・サンドというのがあった。食パンの間にカレーの汁の堅く練ったものが挟んである。玉葱とじゃが薯ばかりのカレーで、肉なんか入っていない。ところがこいつがひどくうまかった。どちらも、今では食べようにも食べられないが、どうしてもまた食べてみたい。

さて、その食べてみたいものの横綱格には、お好み焼きがある。えび天、いか天というあのお好み焼きだが、現在のお好み焼きのような上品なものではない。神田の小川町に五十稲荷というお稲荷さんがあって、その縁日にお好み焼きの屋台が出る。ただうどん粉をといたのにソースを刷毛でさっと塗ったのが一番安い。焼き上ったのを、葉書より少し大きい位に切った新聞紙に載せて、それを半分に折って、ひょいとつまんで渡してくれる。活版インキの匂いがついた焼きたてのウドン粉の、さあ何といえばよいのか、つまりウドン粉のパンみたいなものを、指先をよごして食べる時の愉快さ、楽しさ、あれをもう一度味わいたい。しかしこの望みも遂げられない。

食べたいのは、下品な安物ばかりである。そういうものは、過去の薄明の中へすべて姿を没してしまった。そしてその味は、何十年も経った今日、まだ私の舌には記憶されているのである。

ぼくの空想料理

森鷗外の脳味噌グラタン。

若い文芸批評家に食べさせたい。

羽衣の天人の小便のコンソメ。

食べたい人が多かろうから、水で割り薄めるが、いくら薄めても味の変らぬところ、さすがこの世のものにあらず。

鎮西八郎為朝の肝のバター焼。

気の弱いスポーツ選手の試合前日の夕食に向く。

若乃花関のふくらはぎのつけ焼。

これには朝汐関の胸毛、背毛をつけ合わせにするとよろしからん。

河野一郎氏のハツの串焼。

議員宿舎であっという間にさばけてしまうから、平民の口には入るまいが、下手物ゆえ、おすすめしにくい。

そのほか、「鍵」の主人公の夫人の臀肉の塩漬、臍のオリーヴ油漬、靨《えくぼ》のコンポット、おくれ毛の三杯酢、女性乳首の紫蘇巻きなど。

いずれも珍味なれば、オルドーブルとして乙なるべし。

青春

私は青春という言葉を好かない。この言葉には何か甘ったれて、ひとりよがりによがっているような気味がある。それはとにかく、私にだって若い時はあった。そして若い時と言えば、やはり学校時代だろうか。

私は昭和四年、十六歳で昔の高等学校に入った。はや生れの、中学四年修了だったから十六歳なのである。高知高等学校だったが、クラスには落第生もいて、二十二、三歳の生徒もいた。昭和七年春に高等学校を、幸か不幸か落第もせずに卒業して、東京帝国大学文学部独逸文学科に入学した。そうして昭和十年春、大学を卒業して文学士になった。

私の若い時と言えば、右に述べた昭和四年から昭和十年までの学校時代だろうと思う。酒は高等学校の一年生になった時に国禁を犯して初めて飲んだ。未成年者は酒を飲んではならぬのであるが、当時の高等学校生徒の生活雰囲気から言って、酒を飲まずにいることは出来なかった。煙草もやはり同じことであった。人に聞いたら、ある雑誌社から出ている雑誌の付録に文壇酒客番付というものがあり、今年の新番付では私は東の張出横綱になっているという。つまり私は十六歳の折から、それほど杯を重ねて今日に至ったというわけである。

私の酒は生理学的な酒ではなく、心理学的な酒である。胃袋が酒を欲するのではなく、頭が欲するのである。したがって朝から飲まずにはいられない、一日中酒の気が絶えないというのではない。酒を飲む時と飲まない時とがきちんとわかれている。ただし飲み始めたら中途でやめるということをしかねる。とことんまで、もういやだというまで飲まずにはいられない。そういう意味では自分でも自分の酒はきれいな酒だと思っている。

若い時分はよかった。なぜよかったかと言うと、稼いで、家族なんぞを養う必要がなく、親から金をもらって酒を飲んだり、本を買ったり、町の中をうろつき回ったりしていればよかったから、若い時分はよかったと思う。今は違う。せっせと稼いで税金を払ったり、家族を養ったりしなければならないので随分とつらい。たのしみなんかない。唯一のたのしみは大学でやっている講義のノートを作ることである。しかしそういうものはお金にならない。お金になるのは不本意ながら、駄筆を弄して書く雑文の方である。

私が今一番したいと思っていることは、何もしないでいるということである。しかし何がむずかしいと言って、この「何もせずにいる」ということほどむずかしいことは他にあるまい。そうするためには、あらかじめいろいろなことをやらなければならない。しかも何もせずにいると死んでしまわなければならない、というわけで、私がいろいろなことをあくせくやっているのは、何もせずにいようがためなのである。何もしたくないからいろいろなことをやっているのである。ここに人間の行為の内蔵する逆説があろうかと思う。

そういう次第でいろいろなことをやらなければならないので気が鬱積する。気が鬱積するから、夕方になるとつい杯に手がのびる。そして杯を重ねるから酔う。酔えば眼の前から大宇宙も小宇宙も消え去ってしまう。何がなんだか全く解らなくなる。翌朝目をさまして、ああ、ゆうべも大酒を喰《くら》ったなあと後悔する。後悔なんかしなくてもいいのに、年甲斐もなく後悔する。一夜にしてただの硝子と化したウイスキーの壜が恐いものに見えたりする。

若い時分はこうではなかった。いくら大酒を飲んでも、翌日は肉体的にも精神的にも心理的にもけろりとしていた。もっとも昔は今のように毎夜杯に手を出すということはなかった。飲まない夜が随分あった。今でも学期中の火曜日の夜は一滴も酒は飲まない。というのは翌日水曜日には自分の大切にしている看板講義があり、火曜日の夜はその準備をしなければならないから酒は飲めない。あまり酒を飲むので、食欲がない。したがってごくうまいものでないと口にしない。普通の料理屋で出されるような料理には食指が動かない。うちで作る中途半端な料理はことごとくまずい。だから梅干しとか、ただのお味噌とか、干物とか、そんなものしか酒のさかなにならない。時によれば面倒だから（！）自分で料理を作る。若い時はこうではなかった。何でもおいしかった。「青春」のありがたさの一つは、何を食べてもおいしいというところにありはしないだろうか。

告白的好物論

ひとが食べ物のことを書いているのを読むと、大抵はそのひとが子供の時分に好んで食べたもののことがどこかに出てくる。しかも、忘れられぬ、うまい食べ物として書かれているのがつねである。そして、自分が子供の時分に食べたこれこれの食べ物はうまかったし今でもうまいといっている。なかには、天下にこれに勝る美味はないと断言するひともいる。またなかには、これこれの食べ物こそ本当にうまい食べ物である。自分はむろんそう思っているが、あなたもそう思わなければいけないというような書き振りをする人もいる。そういうひとは、何だか押しつけがましくて、いやであるけれども、本人は本気でそう思っているらしい。あるひとが、そのひとの子供の時分のある食べ物のことを、あまりうるさく、うまい、うまいというので、食べてみたら、ちっともおいしくなかったことがある。それは多くの場合、ただそのひとだけにうまいと感ぜられるのであって、ほかのひとはまた別の感じ方をするのであるが、そのひとにはその辺のことの呑み込みがつかないのである。公平にいって、そう大してうまくない食べ物でも、そのひとが子供の時分に食べて、ああ、うまいなと思ったその感じが、いつまでもそのひとの頭の中に残っていて、実はそううまくなくても、歳をとってから食べても、子供の時分の感じで、うまいと思うにすぎないのだろう。つまり子供の時分にうまいと感じた、その感じを大人になってから食べているようなもので、その食べ物そのものを味わって、しかるのちに「これはうまい」といっているのではあるまい。

ぼくにも、そういう「うまい」ものがある。むろん子供の時分に始めて食べて、それからいくども食べてみて、その度毎に「うまい」と感じたような食べ物である。だから、子供の時分にそういうものを「うまい」と思いつつ食べたことのないひとには、うまくも何ともないだろうと思う。

カツレツとカレーライスがそれである。むかしは、つまりぼくがポーク・カツレツを食べ始めた時分には、まだトンカツという言葉が行われていなかった。カツ、あるいはカツレツであった。トンカツという言葉があまねく行われ出したのは、昭和の七、八年頃からのことではあるまいか。

カツレツもカレーライスも、近所の西洋料理屋から取り寄せる。出前持ちが岡持ちに入れて、ウースター・ソースの瓶と一緒に運んでくる。皿は大抵縁に青い輪が染めてあった。あるいは真白な皿である。カツにキャベツを刻んだのとパセリーが添えてある。肉の厚みは大変薄い。噛むとかりかりと音がするほどによく揚がっていて、パン粉のきめは粗い。それにどっぷりとウースター・ソースをかけて、衣の剝げ落ちたのも残さず、綺麗に食べる。うまい、うまかった。ぼくの友だちには、カツレツは、中の肉よりも、まわりの衣の方がずっとおいしいというひねくれ者もいた。そういわれると、ぼくも何となくそんな気持がする。

さあ、そういう貧相なカツレツがうまいものだから、今時の西洋料理店で出してくれる肉のすごく厚い、衣のやわらかにじとじとしたのがちっともうまくない。むかしのような、衣の堅い肉の薄い、からりと揚がったカツレツが食べたいと思うが、そういうのはこの頃あまり見かけない。

カレーライスの方もそうで、何とか屋自慢のインド・カレー・ライスというようなのではいやである。宿酔の日の大便みたいに、さらりとした汁の中に肉がぽつりぽつりと入っているようなのが、ひょっとこの顔の下半分のような容器に入ってきて、御飯は別の皿に盛ってある。そういうセパレーツはぼくは嫌いなのであって、ライスカレーといえば（そうだ、むかしはカレーライスなんていわなかった）、青黒い、どろりとした汁が、堅く炊き上げた御飯の上にでれりとかかっているようなのでないと、どうしても感じが出ないのである。そうして、冬でも鼻の頭に汗の粒を吹くぐらいに、ひりひりと辛くなくてはライスカレーを食べた気がしない。

そういう訳で、ぼくが本当に好きなのは、というのはいつでもこれなら食べられるし、また食べたいと思うのは、以上述べたようなカツレツとライスカレーなのであって、何だかこう書いていて、そんな変なものが大好物なのかとひとさまに嘲けられそうで、恥ずかしくって仕方がないけれど、しかしそれが本当においしいのだから、嘘をつくわけにもいかず、少し困ったような気持がするのである。テーブルに白い布がかかっていて、ビールが飲めて、ああいうカツにライスカレーを食べさせてくれる直《ちょく》な西洋料理はないかしら。

オムレツ修行

このごろうちの連中はオムレツを食べさせられて少し往生しているらしい。そのオムレツはぼくが作るのである。オムレツを作るのは面白いので、むかしからよく自分でこしらえたが、薄黄色の皮がふんわりと張った中がやわらかくて、とろけるようなのがどうしても作れない。一体どうやったら、ああいうのを作ることが出来るのだろうとかねて不思議に思っていた。ぼくが作ると、こちこちというのも大げさだが、まずこちこちのオムレツが出来上ってしまうのである。そこで鍋町の風月のチーフ・コックの小畑さんのところへ出かけて行って、少し酒も飲んでいたが、一体どうすればオムレツがうまく作れるのか教えてもらいたいといった。

風月はグリルだから、眼の前に料理場のガス・レンジがある。小畑さんが使うフライ・パンはカネ尺で直径六寸位の小ぶりなものであった。ところがうちで使っているのは直径八寸位あるから、なるほどあんな大きなのではうまく出来る筈はない。卵は割ってから、あまりかきまぜてはいけないと教えられた。ぼくは逆に、親のかたきでも討つようなつもりで今迄一生懸命にかき回してきた。火は強くする。ところが弱い火がよかろうと思って、ぼくは弱い火で焼いていた。

フライ・パンに入れてからは、右手の箸はほんの添えもので、左手でフライ・パンを小さく揺る。そんな器用なことは出来はしない。左右から卵を向う側へ掻き寄せる。その辺で火から下して、右の手で、左手が持っているフライ・パンの柄をトントンと叩くと、向う側から卵がくるくると手前へ向ってまくれてくる。それで出来上り。うちへ帰って、まずフライ・パンの小さいのを買ってこさせた。それから万事いわれた通りにやってみて、いよいよ右手でトントンのところになった。トンと叩いたら、中の卵がフライ・パンから外へぱっと飛び出して、ぐちゃりと落ちた。もう少しで手に熱い卵の塊りを受けて火傷をするところだった。

さあそれから、毎日毎日オムレツばかりである。自分ではそう食べられないから、うちの者に食べさせる。午飯時などは、おい、オムレツを食うか、と長男その他からまず注文を取っておいて、いくつもこしらえる。それでこのごろはみんなオムレツに飽きてしまって、おい、オムレツを食うかというと、いやな顔をする。仕方がないからこのところ少し練習を控えているが、何とかしてふっくりと柔かなのがこしらえてみたい。出来上るのはぐにゃぐにゃと形のないものばかりで、これでは馬の糞や牛の糞などの方がよほど造型的にととのっている。

つくづく年季だと思う。年季を入れたからこそ、親方に頭をぶんなぐられて泣いて修行をしたからこそ、小畑さんだって、ああいう風に何事もないように手軽にひょいひょいとやって、形のいいオムレツがつくれるようになったのだ。いい仕事には時間が降り積っているのである。

台所と手摺

いつか親しい新聞記者が、オムレツや卵焼を作ることをぼくが得意としているということをどこかで聞きつけて、実地にぼくがフライ・パンを握ってオムレツを作っているところを写真に撮って記事にするというので、カメラマン同道でぼくのうちへやってきて、うちの台所を見て驚いて、「へえ、高橋さんのところの台所は古風ですなあ」と言った。さもあるべし、うちの台所はこの家屋が関東の大震災のずっと前に建った時のままだからである。狭くて黒々と煤《すす》けていて、諸事旧式で、到底人様にお見せすることなど出来ないのだが、客間でオムレツを作るわけにも行かないので、観念して新聞の人たちを、人間が三人も入ると身動きならぬほどに狭い台所へ案内した。

あんまり狭くて、きたならしいのに堪りかねた家内が、先年台所を大改造した。そうしたら、テイブルと椅子を置いて、家族の者が大勢一緒に飲み喰い出来るようになった。と言っても雑誌などに出てくる某氏のダイニング・キチンなどという代物とはほど遠い。やはり「ダイドコ」である。

この台所が出来てから、ここに神輿《みこし》を据えて一杯やる癖がついた。食べ物や飲み物、お燗、すべて手近で間に合うので大変都合がいい。近頃では、気の置けない客はみんなこの台所へ招じ入れることにしている。しかし、改造当時金がなかったので、すべてがちゃちで、ぺこぺこしている。ちゃちで、ぺこぺこしていても、酒を飲む障《さわ》りにはならないので、夜な夜なここで一人、あるいはお客さまと、邦家の繁栄を祈って盃を挙げている。

うちは下が玄関の間やピアノ室をも含めてほかに六室あるが、作りが旧式だからどの部屋も何かこう中途半端で、坐っていて落着かない。そこでぼくの居場所は書斎か、あるいはこの台所ということになってしまう。書斎も台所もテイブルと椅子なので、うちにいても近頃では畳の上に坐るということが滅多にない。運動不足にかてて加えて、恐らく滅多に坐らないためでもあろうか、近年足腰がめっきり弱くなった。畳の上で坐ったり起ったりという生活は、恐らく日本人の腰のよさに大いに寄与しているのではあるまいか。西洋人には坐ったり起ったりということがないので、彼らは足腰が弱いのではなかろうか。畳の上での生活は、実は非常に健康的なのだとこの頃では確信している。

これも女房の計らいで、二つある梯子段の、裏の方の梯子段には金属製の手摺を附けた。酔って二階へ寝に行こうとする時に梯子段から転げ落ちたりしないようにというのだが、酔って二階へ行く時、果して現在この手摺につかまって梯子段を登って行っているかどうか、その時は酔っているから憶えがない。とまれ、ぼくのうちは愛惜すべき大正時代のぼろうちである。

明治の食べもの

「この世のものはなべて無常なり」»Praeterit figura hujus mundi.«殊に「物」は残らない。神社仏閣や骨董品のように、特別の注意を受けないかぎり、物は滅びに滅んで行く。

明治の物? 私が生きている私的な狭い範囲内には、明治の物は一つもない。私の家は、私が生れてから計三度火事で焼けた。その三度の火事が、私の家にもわずかに残っていたであろう物的明治を、完全に打ち滅ぼしてしまった。それでもなおかつ残っているものがあるとすれば、それは明治二十二年生れの私の母親ぐらいのものである。もし人間をも物と見、明治の物と見、明治の物について語っていいのならば。

続く、残る、滅びる、消えるということを考えていて、毎度私が思うのは、「やり方」「仕方」は物に較べてよほど寿命が長いということである。その例として私はいつも能の型、たとえばシカケ、ヒラキというような型のことを考える。あの型がいつ成立し完成したのかは知るよしもないが、とにかくこれまでに生れては死んで行った無数の能役者と能の演者とが彼らの演能人生において何回となく同一の、このシカケ、ヒラキという型を、彼らの「死すべき」肉体を以って演じたことは疑いを容れない。つまり型は残る、やり方は残る、仕方は残る。この中に、ものの喰い方も含めて考えてもよければ、西暦一九六八年、手近に明治のものがいた。牛鍋、すき焼きである。牛鍋、すき焼きという、牛肉の食べ方である。これは間違いなく明治に始ったものであろう。

詩「衣《ころも》ハ骭《かん》にいたりイそでハア腕《わん》にいたるウ腰間秋水《えうかんしうすゐ》。鉄《てつ》を断《きる》べしイ。人触《ひとふる》れバ人を斬《きり》。馬《うま》ふるれバ馬《うま》をきるウ。十八 交《まじはり》をむすぶ健児《けんじ》の社《しや》アー。是《こ》ヤ〳〵女子《をなご》酒《さけ》ヱもてこずかイ。こや〳〵そしてナ生《なま》の和味《やっこい》のをいま一皿《いちめへ》くれンカ。ア、愉快《ゆくわい》じや〳〵トあたりをきよろ〳〵みまはしてとなりにゐたるさむらひをじろり見やりくづしたるひざをたてなほしハア失敬《しつけい》ごめんコヤ女子《をなご》なにを因循《いんじゆん》《マゴマゴ》してをるか勉強《べんきやう》《ツトメ》して神速《しんそく》にせいトいひながら又こちらのさむらひにうちむかひ君牛肉《きみぎうにく》ハ至極御《しごくご》好物《かうぶつ》とするゐさつのウ仕《つかまつ》るが僕《ぼく》なぞも誠実《せいじつ》賞味《しやうみ》いたすでござるイヤか丶る物価《ぶつか》沸騰《ふつとう》《ショシキカウジウ》の時勢《じせい》に及《およ》ンで割烹店《かつぽうてん》《リヤウリヤ》などへまかりこすなんちふ義《ぎ》ハ所謂《いはゆる》激発《げきはつ》《ヤケニナル》の徒《と》でござる此牛肉《ぎうにく》チウ物《もの》ハ高味《かうみ》極《きは》まるのみならず開化滋《かいくわじ》養《やう》の食料《しよくれう》でござるテ。イヤ何《なに》かとまうして失敬《しつけい》。御《ご》めんコヤ〳〵女子《をなご》一寸来《ちよつとこ》ンかコヤ。あのうナ生肉《せいにく》をナ一斤《きん》ばかり持参《ぢさん》いたすンで。至極《しごく》の正味《しやうみ》を周旋《しうせん》いたイてくれイア、酩《めい》酊《てい》きハまツたヲ、生肉《せいにく》かゑゝはく〳〵会計《くわいけい》ハなんぼか　じんく〳〵愉快《ゆくわい》きハまる陣屋《ぢんや》の酒《しゆ》ゑん中《なか》にますら雄《を》美少年ートはなうたをうたひながらあら〳〵しくかたなをさげたけのかハづつみをつかにかけて女子《をなご》またくるぞトほほの木ばのはきものがら〳〵おもてへたちいでウタ〳〵しきしまのやまとごゝろを人とはゞア、、、あさひにイ匂《にほ》ふ山《やま》さくら花《ばな》ア、、、ー」。仮名垣魯文『牛店《うしや》雑談《ざうだん》安愚楽鍋《あぐらなべ》』（明治四年）の一節「鄙武士《ゐなかぶし》の独盃《ひとりのみ》」である。

大体百年経った今日でも、姿形こそ変れ、こういう「鄙武士」は依然としてその健在を誇っているが、さて牛鍋を食べ出した頃は、どういう風に料理したのだろうか。やはり割下で煮たのか、鍋にじかに醬油と砂糖を叩き込んで肉を煮たのか。牛肉を味醂なり醬油なりの、日本独特の調味料で扱ったところに後世その名が世界に知られるに至ったスキヤキの誕生がある。そしてこのスキヤキは、大体百歳になろう。やはりこの食べ方の方が、人間よりも長寿である。

長寿でお目出たいけれども、牛鍋で酒は飲みにくい。それが出来るのはせいぜい四十位までであろう。ある人が私を招待して、牛鍋の本当の仕立て方を見せてくれるぞという。鍋の中へいきなり酒をがぼがぼと注ぎ入れて、その上に砂糖をどっさり入れる。醬油はほんの少々であった。この「割り下」が煮立ってきたところへ、牛肉を一枚、二枚と入れる。煮上ったらすぐ食べてしまって、鍋を一応空にする。佃煮をこしらえようというのではないから、この一応空にするのは理に叶っている。そして——

牛鍋は残ったが、糝粉《しんこ》細工、飴細工は羅宇《らう》屋のピーピー、下駄の歯入れ屋のポンポンと連れ立ってどこかへ行ってしまった。待て、待て、糠味噌の漬けものはやはり、味噌汁と一緒に生き残り組であろうが、明治生れではあるまいから、知らん顔をしていて差支えなかろう。

西洋御料理はたしかに明治生れだろうが、これは渡り者で、従って計算に入れなくても済む。菓子、惣菜のたぐいには、かなり明治者が生き残っている筈であるが、詳しくは知らない。とどのつまり歴とした明治生れで、今に威勢を張っているのは、そしてまだこの先ざき生きのびて行きそうなのは牛鍋だということになろうか。

牛鍋の宴席に招かれて一席伺って、鍋という鍋を焦げつかせた講釈師がいたそうである。

スパゲティと爪切り

森鷗外の『青年』の中に、こういう一節がある。

「そんならどうしたら好いか。生きる。生活する。答は簡単である。併しその内容は簡単どころではない。一体日本人は生きるといふことを知ってゐるだらうか。小学校の門を潜ってからといふものは、一しゃう懸命に此学校時代を駈け抜けようとする。その先きには生活があると思ふのである。学校といふものを離れて職業にあり附くと、その職業を為し遂げてしまはうとする。その先きには生活があると思ふのである。そしてその先きには生活はないのである。現在は過去と未来との間に劃した一線である。此線の上に生活がなくては、生活はどこにもないのである。そこで己は何をしてゐる」

スパゲティを茹《ゆ》でていた。私はスパゲティを茹でながら、やはりこの己の有様が、現在ただ今の己の生活であり人生であるよりほかに仕方はあるまいと考えた。スパゲティを茹でている「此線の上に生活がなくては、生活はどこにもないのである」。

――しかし、沸騰する湯の中できりきり舞いをしているスパゲティをながめながらも、人間の宿命として、思念は過去へ走り未来をかける。そして、現在ただ今やっているスパゲティを茹でるという仕事などは、己の人生の本当の仕事、真の人生ではなく、かりそめの、急いでやりすごしてしまえばいい仕事にすぎないと考えている。

しかし本当は、スパゲティを茹でている現在をさしおいては、現在この時の私の生活はないのである。私は自分に言いきかせる、もういい加減に錯覚や幻覚や希望や期待や見込みなどという手合とは、手を切ったらどうだ、いい歳をして。そして、お前の現在ただ今の全人生は、かかってスパゲティを茹でることに存しているということを承認したらどうだ、と。

箸を持った手をふと見ると、指の爪がかなりのびている。スパゲティを茹で終えて、旅行用の化粧袋から爪切りを取出して爪を切った。そうだ、この爪切りは岩手の久慈で買ったものだ。杉浦幸雄さんと高見順さんが一緒の講演旅行だった。そういえば、高見順さんは先年亡くなったたっけ。高見順という名前は、もう私の意識の舞台からいつとはなしに消え失せていた。久慈の爪切りが束の間、この名前を意識の舞台へのぼせた。

死んでしまったあの人、この人をふと思い出すことがある。そしてまたすぐ忘れる。その「忘れる」当人が忘れられる境界にはいって行く。なるほど爪を切っている時は、それがその人間の全生活であり全人生なのだと合点する。

鷗外はまた「自分が遠い向うに或物を望んで、目前の事を好い加減に済ませて行くのに反して、父は詰まらない日常の事にも全幅の精神を傾注しているといふことに気が附いた。宿場の医者たるに安んじてゐる父のレジニヤシヨン（諦念）の態度が、有道者の面目に近いということが、朧気ながら見えて来た。そしてその時から遽《にはか》に父を尊敬する念を生じた」（『カズイスチカ』）とも言っている。

好きな食べもの

名古屋の料亭で何だかんだ、料理が出た揚句に梅わさというものが出てきた。梅干の核を取去り、肉を裏ごしにかけ、等量のわさびの下したものと、細く削った鰹節とをまぜ合せたのがこの梅わさであった。酒の肴としてまことに都合のいいもので、爾《じ》来《らい》自分のうちでもちょいちょい作らせるが、わさびはむろん粉わさびではいけない。下すとねばり気の出る、香りのいい本わさびでなければ駄目である。

ところが先日、横綱審議委員会の宴席で、私が料理にちっとも手をつけないのを見て、芸者のひとりが「ねえ、先生、鶯宿梅《おうしゆくばい》を頼みましょうか、この『亀清』さんの御得意の殽《さかな》なのよ」と言う。

やがて出て来たのを見ると、やはり一種の梅わさなのであるが、梅わさよりは余程手が込んでいる。聞けば七種類のものがまぜ合せてあるようだ。わさび、下ろし大根、鰹節、海苔、裏ごしにかけた梅肉、白胡麻、あとは忘れた。この鶯宿梅の方が名古屋の梅わさより味の品がよく、わさびの辛さもじかにこない。「鶯宿梅」という名は柳橋の「亀清」だけでの通り名なのであろう。それとも、この料理はそういう名で一般に通っているのであろうか。知らない。これはおいしくて、いくらでも食べることが出来た。七種類の品を忘れたのは残念である。

さるホテルで、朝食に何気なしに「オニオン・オムレット」を注文して食べたら、実においしかったので、今ではうちでも作る。簡単な料理である。玉葱《たまねぎ》を細かに刻んで、塩、胡椒、バターでゆっくりといためる。それを卵と一緒にかきまぜてオムレツを作れば、これがすなわち「オニオン・オムレット」なのだが、プレインのより、肉その他のものの入ったのより、この「オニオン・オムレット」の方が遥かにうまい。総じてこの玉葱というやつが一枚加わると、料理の味ががらりと変って、うまくなる。玉葱は曲者である。

オムレツも、鉄の、少々使い込んだオムレツ専用のフライング・パンで作らないとうまくない。合成樹脂か何かを塗布してある、中のものが焦げつかないという今流行のフライング・パンで作ると、料理が妙にぱさぱさしておもしろくない。丁度そこには、普通のレストランの料理と列車食堂の料理との間にあるような違いがある。つまり後者は何となく湿り気がなくて、どことはなしにぱさぱさしている。広い意味でのうま味に欠けるところがある。

ところでこのオムレツ専用のフライング・パンを、ハム・ライスなんかを作るのに使われたら往生《おうじょう》だ。オムレツを作る場合以外には絶対に使ってはいけない。うちには私だけが使うオムレツ専用のフライング・パンが用意してある。

幸いなことに銅《あか》の卵焼の四角な鍋は卵焼にしか使えないから安心である。あれも暫く使っていると、中に塗ってある錫が剝《は》げてきて焦げつくようになる。そういうのは知合いに頼んで魚河岸へ持って行って貰って、錫を塗り直して貰う。

オムレツはやさしいが、卵焼はむずかしい。だしも一番だしを使うし、第一焼き方がむずかしい。切断面に段々がついてはいけない。段々がついたのを虎巻きという。返しだって、ひょいと煽《あお》るようにして返さなければいけない。それもむずかしい。卵焼はだし汁その他のものを使うから、箸で掻き廻さざるを得ないが、オムレツの時は、卵をやたらに掻き廻すものではない、と小川軒の主人に教わった。卵に腰がなくなって、うま味を減ずるのだそうである。そんなこととは露知らず、以前は牛乳なんかをどっさり入れて、掻き廻しに掻き廻していた。

西洋料理で一番好きなのは、これをしも西洋御料理と呼んでいいかどうか知らぬが、ライスカレーと薄いカツレツである。その次に好きなのはオニオン・グラタンである。第三に好きなのはクラッカーにたっぷり目に塗りたくったフワ・グラである。第四はアテチョコである。第五はサーロイン・ステイクである。フィレは味がなくていやだ。

それでも、一番おいしいと思うのは、堅く、ごく小さく三角に、塩一式で結んだお結びで、私はかねてからこれに勝る食べ物はあるまいと思っている。

縞の竪横

女房を質に置いても初鰹などというのは、遠き神代の物語りで、いまでは初鰹を珍重するの念大いに薄れて、さあ五月だ、鰹だと力む人はいなくなった。なんだか鰹なども年がら年中、食べようと思えば、いつでも食べられるような気がする。しかし旬というものはあろう。

鰹のさしみも、魚屋さんがてんびん棒をかついで回ってきて、見ている前で包丁をふるうのならいかにもさしみだが、女房が魚屋さんの店先からサラに盛ってもらって帰ってくるというのでは何となく気勢が上らない。しかし口に含むとジェリーのように肉がプリン、プリンとさばける小気味のよさは鰹独自のものである。

相撲の元親方の追手風《おいてかぜ》さんの部屋で、尾崎士郎先生とごいっしょにいただいた鰹のたたきのうまかったことは忘れられない。お相撲さんはたたきを作るのがじょうずだ。そういうたたきは両国辺のお相撲さんのよく行くような料理屋でも食べさせる。私は大阪の法善寺横丁の土佐料理を出すうちでもよくたたきを食べる。ただしにんにくをこわがってはたたきはうまくない。

魚の方の偉い先生に、鰹の横縞は鰹が死んだのち浮き出てくる竪縞と見るべきで、鰹が生きて泳いでいるときは竪縞（正しくは横縞）なのだとおそわった。縞の竪横は素人が普通に考えているのとは逆なのだが、こう書いていても、その竪横がこんがらがって、よくわからなくなる。

底冷え

鍋ものの名寄《なよせ》を作ってみれば——牡蠣《かき》鍋、鳥鍋、蛤《はま》鍋、寄せ鍋、牛《ぎゅう》鍋、鉄ッ《て》ちり、水たき、鱈ちり、湯豆腐、鯛ちり、鮟鱇《あんこ》鍋、桜鍋、猪《しし》鍋、しょっつる鍋、ねぎま鍋、このほかにまだまだいくらもありそうである。

一体この鍋料理などというものは元来が直《ちょく》でくだけたものであるから、畏《かしこま》って頂載したのでは決してうまくない。ある料理屋で河豚《ふぐ》を言ったら、座敷の隅に瓦斯コンロを置いて、女中さんがそこで煮たのを小鉢に取分けて客の前に配ったが、あれでは鉄ッちりを食っているという気がしない。やはりてんでに鍋の中へ土足で踏込《ふんご》んで、やれ味が薄いの生煮えだのと、文句を言い言い食べなければ、どうも本筋ではないようである。

相撲取は巡業先などでは地面に莫蓙を敷いて、稽古上りの風呂から出て、コンロに火を起して鍋を囲む。大抵はバス・タオルを首に捲きつけただけの半裸姿である。

そして材料は鍋の中へは一回に食べ切ってしまう分量しか入れない。佃煮を作ろうというのではないから尤《もつと》もなことである。中のものをすっかり浚《さら》ってしまうと、改めてまた一回分の材料を入れる。そうしてまた鍋をからにする。こうして食べると材料の持味が活きてくるのである。鍋もののもう一つのコツは火加減を小まめに見ることで、煮上り工合を見ながら瓦斯の火を細くしたり強くしたり、コンロの空気窓を狭めたり全開したり、しょっ中火を加減する。相撲取の場合は地位の一番上の者が火加減を引受けるようだ。つまり味を自分の好みに合せようというのであろう。

牛屋《ぎゆうや》で小人数の宴会が開かれた。胆入《きもいり》が気を利かせて講釈師を呼んできて一席伺わせた。ところが一座の連中は鍋の方が忙しくて、碌すっぽ講釈など聴いてはいない。畜生め、聴かなきゃ聴かせてみせるぞと件《くだん》の師匠、必死になって語り出した。すると次第に箸の動きが緩慢になってきて、しまいには噺《はなし》の方に気を取られて鍋の方がお留守になり、やがて鍋からは紫色の煙が立ち始めたという、『牛鍋と講釈』と題しまするお粗末の一席。——

それから、立派で大きな部屋も、鍋ものには向かない。これはどうしても、上框《あがりがまち》然とした細長い畳座敷を、低い衝立てで幾組かに仕切った、込みの小料理屋でなければいけない。白いものがちらつき出した暮れ方、とある横丁の小料理屋の、立付の悪い硝子障子をがたぴし言わせながら開けて中に入り、蛤鍋で上燗を引っ掛けたことがあるが、その時の飲み食いのうまさは今に忘れることが出来ない。さて、あれはどの位昔のことだろうか。たしか蛤鍋は一人前五銭だったと記憶する。「とうとう落ちてきゃアがった。道理で底冷えがすると思ったよ」と、あとから入ってきた客が言った。

鰹エト・セテラ

山の幸、海の幸も近頃では季節に縁を切ったようで、食べ物に旬《しゅん》ということがなくなってしまった。永い間、日本人の感じ方、考え方、生き方をその深いところで制約していた「自然」は徐々に後景に退こうとしているように見える。四季の変化に支えられてきた日本の芸術の俳諧が滅びる日も、ひょっとすると近いかも知れない。日本文化はその最も大きな特色を早晩失うことになるかも知れない。

しかし鰹の養殖ということはまだ聞かないし、鰹は養殖出来まいと思うが、これとても先行きどういうことになるか。もっとも季節感の稀薄化に伴って、「初鰹」と言われても、もうさしたる感慨は湧かない。「初鰹初鰹」と騒いだのは江戸時代のことではなかったか。

正直のところ、私が生れ育った頃の東京下町の庶民の口に、そう活きのいい魚が入ったとは思われず、また年がら年中うまい魚を食べて暮せもせず、貧乏なうちに育った私などが魚に馴染みが浅いのはむりもない。その代り干物、塩鮭とは昵懇の間柄である。

鰹の刺身ともよほどのちになってからおつき合いが始った。魚に馴染みが浅かったから、今でも刺身などはあまり食べたいとは思わないが、奇態に鰹の刺身だけは食べてうまいと思う。

しかし本当にうまいと思うのは、鰹のたたきである。藁火で炙《あぶ》って、ポンズと醬油の中につけたあれである。そのたたきも、今は故人となった昔の追手風親方の部屋で、やはりもう亡くなられた尾崎士郎先生と御一緒に食べたのが一番うまかった。どしゃ降りの夜、築地の料亭で飲み足らず、親方の部屋まで押しかけた折にこのたたきが出た。

大阪の法善寺横丁の、土佐の人がやっている料理屋でもたたきを出してくれる。たたきは皿鉢《さわち》と相並んで土佐の名物料理である。鰹がない時には、鰹の代りにほかの魚を使うが、それが何という魚であるか、一度聞いたが忘れてしまった。

しかしたたきはお相撲さんの手作りのが一番うまい。お相撲さんの作る料理には、荒っぽさと微妙さとが不思議に同居している。菜ッ葉などは手で捻じ切るし、豆腐は庖丁を使わずにお玉でしゃくいとる。一度九州の友人の宅で、知合いの幕下にちゃんこ料理を作らせたことがあったが、何しろ仕入れの仕方が大まかで、諸材料を買ってきたのなんのッて、三、四人で二日、三日は食べられようかと思うほどに買込んできた。この時はあらという魚のちりであった。

　ちゃんこには煮喰いとちりがある。煮喰いというのは、鍋の中へ直接醤油や砂糖を入れて、中のものを煮ながら食べる。ちりは中のものを鍋から取って、ポンズで食べる。鶏を煮喰いで食べたことがあるが、油揚やもやしも入る。しかし赤身の魚はちりにしない。しつッこいからなのか。白身でも鱒は嫌うと聞いたが、真偽のほどは明らかでない。「多良錦」という四股名の相撲取がいて、この相撲取が鱒のちゃんこを嫌ったというようにも聞いている。

　この小文を認めている今日は、うちの台所には逸品が並んでいる。相撲場の私の隣の席の人といつしか懇意になった。この人は河岸一番の問屋「玉鉄」の御主人であった。気が合って、相撲場でいろいろな話をする。ある場所、うちの近所の魚屋から、「これ、玉鉄さんから」といって荷が届いた。玉鉄さんの扱う魚は、最高級の上物ばかりであるから、まずかろう筈がない。こっちからは別に何もして上げないのに、玉鉄さんは、貧書生を憐んでか、時々近所の魚屋を通じて、口の中の方角が解らなくなってしまうようなうまい魚を届けてくれる。そういうわけで今日台所にあるのは、ほんまぐろの中落ち、蛤、塩鮭、鯛である。今日はこの間生れた三番目の孫のお七夜で、偶然鯛が舞込んできて、まことにめで鯛。

　玉鉄さんのお陰で、鰹も飛切り上等のものを食べることが出来る。ところが私はそろそろドイツへ出かけて、七月の末まで向うにいなければならないから、今年は五月の鰹にはお目にかかれない。場所も、夏場所、名古屋場所と、二場所休場しなければならない。私の留守の間に、横綱が誕生して貰いたいような、私が帰ってくるまでそれを待っていて貰いたいような、変てこりんな気持である。取ってつけたようだが、鰹の横縞は鰹が上ってから出来るもので、海の中を泳いでいる時は竪縞なのだそうである。しかしその竪縞は、実は横縞と見るべきものだそうで、すると上った鰹の横縞は実は竪縞ということになる。少しややこしい話である。

老いぬれば

この間、ドイツでスパゲティのおいしい食べ方を覚えた。スパゲティを茹でて、バターでいためて、トマト・ケチャップでまぶすという、一番普及している食べ方は一番芸のない食べ方であるし、スパゲティ・ミートソースも、肝腎のミートソースが家庭ではうまく作れないから困りものである。これに反して私が教わったスパゲティ・ビアンカというのは誰にも簡単に出来て、しかもうまい。

スパゲティは、輸入物のイタリア製のがいい。イタリア製も日本にいろいろ入っているが、食べくらべてみると、ナポリ製のファブロチーノ G.Fabbrocino という青い紙包のが一番おいしいようだ。一包が百四十円である。鍋の水を沸騰させる。塩を多い目に入れる。これはスパゲティそのものに味をつけるためである。そこへスパゲティを入れて掻き廻す。十四分か十四分半茹でる。茹ですぎは絶対いけない。火を消して、皿に茹で上ったスパゲティを盛る。水で晒したり、バターでいためたりしない。その上にバターの大きなかたまりをのっけて、粉チーズをうんと振りかけ、フォークとスプーンを使ってよくまぜて食べる。バターがないとまずい。これが一番うまい食べ方である。ただし粉チーズも、罐入りや袋入りのパルメザン・チーズはまずい。本物のチーズの大きなかたまりを買ってきて、食べる前に適当な分量をチーズおろしでおろして、そのつど粉チーズを作るのである。

次にヴァリュエーションについていうと黒胡椒を振りかけるも一手、生の刻んだ長葱（日本葱）を少々まぜるも一手。

ごく腹が空いている時には、もっとしつっこくする手もある。スクランブルド・エッグスと、軽くいためたベーコンの刻んだのをまぜる。こうすると非常にしつっこくなる。

さて久さんの八丁味噌を子供が名古屋から持ってきた。彼はこの四月から名古屋の大学に勤めているので、久さんの八丁味噌や「二人静」や「おちょぼ」なんかをちょいちょいみやげに持って帰って来る。八丁味噌六割に新潟の赤味噌四割で味噌汁を作らせたが、どうも味がぴんと来ないので、九州の料理の先生に電話で相談した。この私の先生は老いたる板前さんで博多で小料理屋をやっていたが、先年引退して、今は隠居している。そうしたら、味醂を煮立ててアルコールっ気を抜いたのを作って置いて、それでお味噌をとくといい、と教えてくれた。なるほどそうやったら、味が俄然変った。

鱧《はも》の湯びきしたのに梅肉を裏ごしにかけたのをつけて食べるとうまいので、梅肉ソースを作ってみた。梅干のたねを抜いて擂鉢で擂る。それを裏ごしにかける。鱧が本筋だろうが、その梅肉ソースで鯵の焼魚を食べてみたところ、非常においしかった。しかし梅肉をただ擂って裏ごしにかければいいのかどうか不安になったので、また九州へ長距離電話をかけた。そしてまたいいことを教わった。日本酒を鍋で煮立ててアルコールっ気を抜く。そうすると酢になる。それをどんぶりに入れて、中へ板昆布の小片を入れて一晩置く。この汁を梅肉にまぜてよくねるのである。好みによっては砂糖を少し入れる。味の素も入れる。この梅肉ソースを常時用意して置いて、いろいろなものにつけて食べると、意外な美味が誕生する。ぜひやってごらんなさい、面白いですよ。

そういうことで暇ッかきをしていないで、そんな暇があれば勉強に精を出せばいいものを、そういうことでああでもない、こうでもないと台所をうろうろするのが好きなもンだからわれながら情ない。けれど吾既に年老いて、あと何回食事が出来るか解らないのだから、一回一回の食事を大事にしないわけにはいかない。まずいものを食べて大切な、二度と還ってこない一回の食事を灰色にしたくないのである。

ドイツのビール

東京でもそうだが、古い大きな市《まち》で、老舗と言われて通ってきたうちが、観光目標になってしまうと、何となく味気ない。そこのうちへ行って飲み食いしても、知らず欲せずして自分までも芝居の舞台の端役を演じさせられているような気がして、つまり自分も芝居の片棒を担いでいるような気がして、落着かないし、気分がよくない。ただある古いうちの、あるものを食べている、飲んでいるという以上に、自分が「老舗」というものを飲み食いしているような風で、どうも気持の坐りが悪いものである。

ヒトラー政権以来特に有名になってしまったミュンヘンのホーフブロイハウスにしてもそうで、こうまで世界的に有名になり、国際的観光目標の一つになってしまうと、生粋のミュンヘン人の、しかも年寄りのビール党などは何か苦々しい気持がしているのではあるまいか。ミュンヘンといえばホーフブロイハウスである。有名になりすぎて、一寸一杯ひっかけに出かけようかという気が起らない。それでも、ミュンヘンにきて、ホーフブロイハウスで一杯やらないというのも、何となく締りが悪いので、私などもロ少々複雑な気持で騒々しいホーフブロイハウスの一隅で一リットル入りのビールのクルークを傾けるということになる。

もう三十年ばかりも昔、私はミュンヘンのホーフブロイハウスで大失敗をした。中身の少くなった一リットル入りのクルークを何気なしに、ぐいと傾けたら、中のビールが束になって——ビールが束になるというのも変なものだが——中に残っていたビール全部がぼしゃっと顔にかかった。大きな容器の中に、少ししか液体が残っていない場合、この容器を急に傾けると、中の液体がいちどきに外へ出ることは当り前だが、陶器だから外から見えないのだ。この経験は誰にもあろうかと思う。中身が少くなったら、杯を静かに傾けなければいけない。

この間、ホーフブロイハウスへ行ったら、何とまあメニューまでが金を出せば買えるようだった。観光ということが、古くて静かで、いいものをだめにしてしまうということは洋の東西を問わずしてあるようである。

戦前と戦後を較べると、ドイツにはいわゆるビヤ・ホールが少くなった。というよりも、戦前風の、日本のビヤ・ホールに近い仕組のうちはもう見当らない。観光客を歓迎する、楽隊つきのビヤ・ホールなら戦後のドイツにもあるが、ビールを飲もうという一心で客が集ってきて、わいわいがやがややっている中を、ビールの肴に生大根の輪切りを売りにきたり、シュタインヘーガーとかアクワヴィートとかいうような焼酎まがいの強い酒を、これまた同じくビールの肴として、売り子が席の間を売って廻ったりという、そういうビヤ・ホールはなくなってしまった。

むろんまだ小さな居酒屋、つまりビヤ・ホールはあるが、そういうところへは常連しか集らないので、ふりの客のわれわれは一寸敷居を跨ぎにくい気がする。けれどもそういううちの常連になると、いろいろと楽しみも多い。主人も客も気心を知合って、ビールの味が一段と増す。

日本のビールとドイツのビールと、そのどちらがうまいかという質問を受けることがよくあるが、私に限ってはドイツの土地でドイツのビールを飲むことには何の抵抗も感じないが、日本でビールを飲むとなると、何となく「酒を飲む」という気構えになってしまって、ドイツでドイツのビールを飲むようには気楽には日本で日本のビールを飲むことが出来ない。従ってドイツ・ビールと日本ビールの比較論は私には出来ないのである。ここまで書いてきたら、ドイツの小さな居酒屋でビールが一杯飲みたくなってきた。

日本人と酒

われわれはよく「酒の上のことだから」という弁解の言葉を使う。と言うか、この文句を弁解のために使う。その意味はむろん「酒を飲んで酔っていたから」ということであるが、しかし「酒の上のことだから」と「酒を飲んで酔っていたから」とでは、そこに微妙なニュアンスの違いのあることは誰も否定し得ないであろう。そしてこのニュアンスの相違を、はっきり言葉に出して説明することはきわめて難しい。ただ少くともこういうことは言えるだろう、前者には酒や酒を飲むことや酔うことなどを頭から一種の「悪」と極めてはかからず、逆にむしろ酒が原因で生ずるいろいろな不都合を赦す免罪符という含みがあるのに、後者は没価値的に、感情的なものを一切抜きにした上での単なる認定であり客観的判断であるにすぎない、と。

むかしドイツで、下宿先の家族のひとり、そこのお婆さんが寝椅子の上で仰々しく毛布にくるまって唸っているので、大病にでもかかったのかと思って尋ねたら、なあに一寸風邪を引いて熱が平熱より二分ばかり高いというだけのことであったので再度びっくりした。日本人であったなら、その程度の病気は病気のうちに入らない。普通の人間ならいつもと変らず起きて働いていることであろうが、ドイツ人は、そしてドイツ人には限るまいが、病気の状態と健康の状態を峻別する。熱が平熱より二分高ければ、これはもう健康状態ではなくて病的状態である。二分の超過は人間を病気という名の別世界の住人としてしまう。彼らにとっては、一切は健康か病気か、イエスかノウかの二つに一つであって、健康でもないが、さりとて病気でもない、イエスでもないが、ノウでもないというような曖昧な、どっちつかずの状態というようなものは考えられないし、彼らの論理的感情にとっては一個の赦し難き何物かなのであろう。

ところがわれわれは違う。健康の状態と病気の状態、素面の時と酩酊状態との間にわれわれは截然たる一線を劃するということがない。両者をとかく等しなみに見ようとする。むろん重患、泥酔はもはや正常な状態と受取られはしないが、健康、素面と境を接するといった程度の病気や酩酊は、健康や素面とほぼ同等の取扱いを受ける。「その時義経少しも騒がず」なのである。酩酊状態は、平生とは少しばかり変った状態として、平生の中にすっぽりと飲込まれてしまうのである。その一番いい例が小さな、込みの飲屋やビヤ・ホールの、あの喧騒であろう。時によれば、こっちが杯を手にしていてさえあの叫喚、あの無礼な狎昵《こうじつ》は堪えがたいが、これを堪えがたいと言う方が却って例外的なのであって、酒客は互いに互いの叫喚、狎昵を許し合っているのである。個体と個体との間にある境界を、酒客は我人ともに取払ってしまおうとする。揚句の果につかみ合いの喧嘩になっても、その喧嘩は、過ぎてしまえば「酒の上のことだから」で、なかったことになってしまうのである。

やはり若い頃、ヨーロッパのある町で、夜遅く、ひどく酔っているらしいのに、つとめて平生を装おうとして、眼を据えて、真直ぐに歩こうとしながら、足許が波状の直線を描いている人を見た。人前で、日本人のような酔い方をするのは、ヨーロッパにおいては許されないことなのであろうし、これを恥と感ずるのであろう。日本人のような酔態は、その人自身の部屋、その人の城の中でしか許されないのであろう。

しかしその人の城、その人がそこでは何をしていようと他者が容喙することの出来ない場所としてのその人の部屋の中での行状と、一歩自分の部屋を出た時の行状との間にあるあまりにも大きな相違は、われわれに鼻白む想いをさせないこともない。東京のホテルの廊下を歩いていると、私の前を外国人が歩いており、一室の扉にノックをして、中へ入って行った。行きずりに、中から扉を開いた人の姿が見えた。半裸の女性で、足ははだしであった。つまり満干の差の大きすぎるのがわれわれには少し気になるのである。恐らく丁度、われわれの素面と酩酊との間の境界線がひどく曖昧なのが外国人にとっては少し気になるであろうように。

一般的に言って、外国人と日本人と、そのどちらが酒に強いかというと、外国人の方が断然強いと言わざるを得ない。これは食べ物、体格の相違から来ることであろう。われわれはアルコール分一六パーセントの清酒で忽《たちま》ち酔いを発し、アルコール分四九・二パーセントのブランディや五四パーセントのジンを何杯か傾けても、外国人は剝製の熊の如く泰然としている。中には少々無理をして、自分が生れ故郷にいるのだとつい錯覚して、出来るだけ酔態を見せまいとして剝製の熊然としている外国人もいるようだが、日本ではへべのれけに酔っても、少しも恥にはならない。日本では概して、酩酊はその人に一身上の不利益の数々を招くということがない。酔っぱらってもいろいろな意味で「危く」はないのである。もともと日本とはそういうお国柄なのである。むろん例外はある。ある友人と酒の飲めなくなった戦争中に、したたか飲んだことがある。どこでどうして別れたか、一切記憶にないが、あとで聞くと、友人は省線の環状線を何回か廻った揚句に上野駅で降されたらしい。翌朝、蚊に喰われて掻ゆくて仕様がないので目を覚ますと、上野駅のガードの下の縁台の上に猿股一つで寝ていたという。介抱すりにやられたのである。洋服も時計も靴までも持って行かれたそうである。こういうこともなきにしもあらずだが、大抵はそこまでは酔うまいから、外国人ももう少しはめを外してもよさそうである。

さて日本酒、普通にいう清酒であるが、日本人にとっては何と言っても清酒が一番ぴったりとしたアルコール飲料ではあるまいか。行く雲、吹く風、積る雪、つまり日本の風土と、日本人の体質とが根本的に変ってしまえばいざ知らず、現在のままなら、日本の風土と日本人の心と舌とが生み出した清酒が日本人に適さない筈はないと考える。

その飲み方も、所与の在来のそれが一番いいらしい。小さな猪口にお燗をした酒を銚子から注いで飲みながら、その合間々々にいわゆる肴を食べる。これが最もまっとうらしい。酒器にも変遷があり、江戸期のものを見ると、現在の杯のように薄手で小ぶりなものは少く、皆どっしりとした大ぶりの陶器、磁器である。あの寸法は、三度々々の食事に、一杯、あるいは二杯と杯の数をきめて酒を飲むところから来たものであろう。つまり食事に酒はつきものだったのである。それが今では飲と食とが分離して、酒を飲む時は食べず、食べる時は飲まずという風に変って来たのであろう。いわゆる猪口以外に漆器の杯も大いに用いられた。今でも正月のお屠蘇は塗りものの杯で飲む。しかし神事には平たい土器《かわらけ》の杯を用いている。

上燗、熱燗など、燗ということを言うが、どうやら昔は秋冬の寒い季節にだけ酒を暖めて飲んだものらしい。ある古い本によると、酒を暖めるのは重陽《ちようよう》の節《せつ》（九月九日・旧暦）以降のことだとしてある。また『源平盛衰記』（十三世紀成立）に高倉院《たかくらのいん》の逸事がある。とりわけ紅葉を愛していたこの君に、仁和寺の守覚法親王《しゆかくほうしんのう》から櫨《はじ》と雞冠《かえで》の「もみぢの色うつくしきを二本《ふたもと》進覧あり」、高倉院は何と思ったかこの紅葉を大膳大夫信成《のぶなり》に預けた。信成は毎日この紅葉を自分の邸《やしき》から御所へ持参し、暮れるとまた邸へ持ち帰ったが、それが大変な苦労であった。ある時、信成が外出中に、田舎から出てきたばかりの、風流を解しない仕丁《じちよう》が二、三人、あまりの寒さにこの紅葉を薪の代りにして酒をあたためて飲んだ。信成が帰ってきてみると、大切な紅葉が跡形もない。よくよく尋ね問いただすと、これこれかようの始末である。院の方からは、この両三日紅葉を見ていないから急いで持参せよという命令があって、信成はあわてふためいて御所に参り、ありていを奏上した。院は暫く何とも御返事がない。さあ、大変だ、どんな罰を蒙ることだろうと「恐れをののき居給たりけり」。ややあって院が仰せられた。「信成よ歎思《なげき》ふべきにあらず、唐の大原に白楽天と云《いふ》人は、琴詩酒の三つを友とし、中にもことに酒を愛して諸《よろづ》を慰みけるに、秋紅葉の比《ころ》仙遊寺に遊ぶとて、紅葉を焼《たき》て酒をあたため、緑の苔を払《はらつ》て詩を作《つくり》けり、即其心を、

林間《ニ》煖《メテ》レ酒《ヲ》焼《タク》二紅葉《ヲ》一　石上題《シテ》レ詩《ヲ》払《ウ》二緑苔《ヲ》一

と書遣し給へり、かほどの事をば浅増《あさまし》き下臈《げろう》に誰教《たがをし》へけん、最《いと》やさしくこそ仕《つかまつり》たりけれと、叡感に預りける上は子細に及ばず」という次第であった。文中たまたま琴（音楽）、詩（詩文）、酒の三者が一体となって出てくるが、これら三者の背後には、

これは国際的に言い得ることであろうが、いつも神の姿が隠見していると言って差支えあるまい。特に酒は神と、神事と深い関係を結んできた。そして少し科学的に、つまり心理学的に言うならば、その神は結局人間の心の深い闇の中に存在するのであろう。酒は、合理的な、意識的な、世界と、非合理的な、無意識の世界との間に立てられた扉を細めに開けてくれる。こうしてわれわれは、少くとも心理的には、隠秘にして不可説な、心の神秘な世界を酒によって垣間見るのである。そして、そのような心の深部、無際限の闇が拡がっている部分には、個人差というものはなく、そこは「集合的」な世界であるという。(C.G.Jung)

さて日本語のサケは語源的にどういう風にして成立した語であろうか。大槻文彦の『大言海』の語源説明はやや奇抜で、全面的に信用できないと見られているようであるが、その『大言海』の「酒」の項はこうなっている。「〔稜威言別、四、ニ汁食《シルケ》ノ転ナリト云ヘリ、志るけガ、すけト約マリ、さけト転ジタルナラム(中略)或ハ、さハ、発語ニテ、さ酒《キ》ノ転(さ衣、さ山。清《キヨラ》、けうら。木《キ》ヲ、けトモ云フ)即チ、さ食《ケ》ト通ズルカ(以下略)〕」『日本釈名』には「避くるなり風寒邪気を避くるなり」の「避け」から酒の語が出たとしている。『古事記』『万葉集』には「さかみづ」の語が見え、これは「栄《さか》え水」で、のちに「さかえ」となり、さらに「さけ」となったのではないかという説もある。また『古事記』の神功皇后の歌に「酒《くし》の神」という言葉が出てくるが、「くし」は「怪《け》し」あるいは「奇《く》し」で、酒の人間の心身に及ぼす作用を見て出来た語であろうか。酒の異名「ささ」は竹葉の意で、この呼称は支那起源である。その他、いわゆる酒の呼称は日本、支那に種々あるが、「さけ」の語源に関しての定説はないようである。

献酬《けんしゆう》は日本だけの風習であろうか。知らない。地方によってはその仕方に相違がある。目上（あるいは年上）の者から目下（年下）の者に向って杯を与えるやり方と、目下（年下）の者が目上（年上）の者に向ってまず自分の杯を献ずるやり方とがある。貰った杯は、中の酒を飲んでから、出されている「盃洗《はいせん》」の水ですすいだ上で相手に返すのであるが、今日では盃洗を出す料理屋は少くなった。初秋の夜の灯火が盃洗の水に映っているというところなどには、日本の宴席にしかない詩情もあろうかと思われる。

若い日本人の間では西洋風の酒が好まれているようであるが、彼らもいずれは日本酒に親しむようになるであろう。さきにも書いたように、日本酒は日本の風土と日本人の体質とが産み出したものであり、風土と体質とは「定数《コンスタント》」だからである。

地酒礼讃

出される酒は、遠慮なく心置きなく飲むのだが、さてその酒がどうして作られ、どうして売られるかというようなことになると、素人のわれわれには何も解らない。酒造界のメカニズムはかなり複雑であるように見受けられる。早い話が全国に名の通った銘柄の酒は、全国に名の通っているということからも解るように、日本各地の到るところの酒屋さんの店頭に並んでいる。しかし、と疑問が起る。果してたった一カ所の酒造所で全国の需要に応え得るだけの量の酒が造れるものであろうか。聞くならく、買い酒ということがあるそうだ。各地の適当な地酒を買い集め、味を調合した上で、その有名銘柄の酒として売りに出す。飲む方は、その銘柄の酒造所で出来た酒と思って安心して飲んでいる。実は各地の地酒が化けたものに過ぎない。

そういう有名銘柄に化けた、どこの地酒とも知れぬ酒を飲むよりも、石高が少くて他の地方へは売りに出そうにも出せない正真正銘の、地元だけではけてしまうような地酒は「化けていない」本物である。そういう本物の地酒には、地酒特有の一種の味があって、これに抵抗を感じて、いやだ、まずいという人もいようけれど、地酒の味の癖というものも、馴れてしまうと却ってうま味になるものである。

そうなったら、有名銘柄の酒の、万人向きのする味よりも、特定の地酒の独特の味の方がずっとうまく感じられる。こう言っては言い過ぎになるかも知れないが、酒は地酒に限る。ある地酒の独自の風味は、その地酒によってしか味わわれず、しかも純粋に個性的であるからだ。井戸水は味があってうまいが、蒸溜水はうまくないという道理で、万人向きに味を調えた「化け地酒」の有名銘柄の酒よりも、地酒の方がある意味では「うまい」のである。

しかし地酒は、東京などにいてはなかなか手にはいりにくい。むろん地酒を看板にしている店はあるが、そういう店を探して、わざわざ出かけて行くというのも、億劫至極である。そこで、東京にいると、つい「化け地酒」の有名銘柄でご機嫌にならざるを得ない。

ところが旅に出ると、本物の地酒にありつける。私は旅行先では、わざと有名銘柄を避けて、ほそぼそとやっている造り酒屋の、その名を聴いたこともない酒を所望する。最初の一猪口、二猪口は、どうも舌がその酒独特の風味にひっかかってしまって、流れが悪いが、盃を重ねて行くうちには、情が移っていい心持になる。蒸溜水より井戸水がうまいのである。それに、肴もその地方の平凡な家庭料理を出して貰うに限る。

山奥の刺身などは願い下げにする。その地方にしかない平凡な下手物《げて》こそ、地酒にぴったりとする。

旅には地酒に接するという特別な楽しみがある。

地酒の旅（上）

小説や随筆には実名を書かないのが通例である。私もこれまで大体この原則に忠実に、避けられる場合は実名を記すことを避けてきた。実名を記すことの弊害にはいろいろの事柄が考えられるが、書かれる対象が飲食店だの商品だのの場合は、自然とそれを書いた人がその飲食店その他を推奨したような恰好になる。それを読んだ人は、一度行ってみようという気を起すであろうし、また現に、広告文でない普通の文章の中に実名を記すと、その店へ新たな客が殺到するということがあるようである。つまり何々という雑誌あるいは本で読んだからきてみたというわけである。そういうこまめな人間は割合に多いらしい。さてそうなると、店の主人も人情からして、自分の店のことを書いてくれた人に対して何らかの恩義を感ずる。またその人に対して何らかの形で、自分の店のことを書いてくれたことに対して礼をするということにもなってくるらしい。その人がその店へ出向いた時は、特別な料理を出すとか、混んでいても席のやりくりをするとか、勘定を安くするとか、全然ただにしてしまうとか、要するに見返りがあるわけである。書く方はむろんそういう見返り目当てで書いたわけではなかろうが、現に結果から見ると、見返り目当てのような恰好になってしまう。これは決して愉快なことではないので、書いた人は自然その店を敬遠してしまう。敬遠したくはなく、これまで通り通いたいのだけれど、書いたばかりに特別扱いにされ、その特別扱いが書いたことの狙いででもあったような形になるから、それが厭さに足が遠のく。そして実名を書かなければよかったと後悔する。みすみす自分のお気に入りの店を一軒失ってしまうことになるからである。それよりも何よりも、実名を書くということには、何かいやしい気味もある。痛くもない腹を探られないためには実名は書かぬに若《し》かずである。そういう次第で、ものを書く人は、書く対象が飲食店その他の商売屋や商品である場合は用心して、実名を挙げることを避けるというのが普通である。

　ところが私のこんどの場合は、どうも実名を避けて通るということがむずかしいようである。方々へ出かけて、酒蔵を訪ねて、その酒蔵の酒を味わう旅に出たのだが、A地方のBという酒造家を訪ねて、と書いたのでは、わざわざ手間暇をかけて旅に出たことの意味も趣も出てこない。こんどの場合に限っては実名を挙げないと、書くということの意味がそもそもなくなってしまう。書く以上は実名を挙げなければならない。実名を誌《しる》したくなかったら、初めから書かなければいい。私としても実名は書きたくない。しかし残念ながら書きたくないでは済まされない事情が少々あるのである。

第一は私は軽率からうかうかと「地酒を飲む旅」へ出てしまったことである。「地酒を飲みにお出かけ下さい」と云われて、酒を飲むという一事が目の前に大きくクローズ・アップされ、何となく「飲もう」という身構えになってしまった。ところが交通公社の方では、てきぱきとその旅行の準備を進めて、「はい、これが汽車の切符で、これが飛行機の切符で、これが」と、いろいろと私の目の前へずらりと並べた。そうなれば否も応もない。ぜがひでも旅に出なければならない。実名が厭なら、そもそも「地酒を飲む旅」などという変な旅には出なければよかったのであるが、それも今となってはあとの祭である。そしてその旅のことを書くなら、実名が出てくることは避けがたいのである。

第二は、その旅のことを書くのが何となく億劫《おっくう》で、延ばしに延ばしして今日に及んだのだが、交通公社には例の旅行で随分金を使わせている。今さら書くのはいやですでは済まされまい。そこで発表済みの文章を集めて一本にしようと計ったが、それだけでは分量が足りず、本にならないのみならず、発表済みの文章だけでは困る、ぜひ新たに書いたものを加えて貰いたいという出版者の意嚮《いこう》であるし、それも尤《もっと》もなことだと思うので、新しい文章を加えないわけにはいかず、そうなると例の実名問題が首を出す。仕方がない、今回は特例として実名を書こうと決心して書き始めたのがこの一篇である。

湯島天神は神田か下谷か上野か、考えてみたらよく解らなくなってしまったが、とにかく天神下を広小路の方へ一寸行った右側の横丁に、「岩手屋」という居酒屋がある。「奥様公認酒場」という変な但書《ただしがき》のついた縄のれんである。私はこういう居酒屋で、左右両隣の客と膝をくっつけ合って窮屈な思いをしながら酒を飲むのが好きで、この頃はたまにしか出向かないが（一つには近年ひどく出億劫になってしまって、酒は大抵うちの台所《だいどこ》で飲む。台所酒ははかが行って、我ながらびっくりするほどお腹に入るのであるが、この頃外で飲むと、すぐ酔ってしまって埒口《らちくち》なくなってしまう。昔は逆で、外でならいくらでも飲めたが、うちではすぐに酔ってしまったし、第一うちで飲むというようなことは滅多になかった）、この「岩手屋」さんとか、下谷坂本の「鍵屋」さんとか、大塚南口電車通りの（今では電車は通っていないが）「江戸一」さんとか、そういううちで一杯やるのは好きである。

どうして「岩手屋」や「鍵屋」や「江戸一」の存在を知るようになったのか、思い出してみると、「岩手屋」も「鍵屋」も、ともに旧友中込忠三に教えられて通い出した（中込には淡路町辺の店も一軒教えられたが、どういうものかその店へはその後行っていない)。「江戸一」は木下順二さんに教わった。以上の三軒にはみな共通したものがある。万事直《ちょく》であること、安いこと、店の人の酒の扱いが丁寧であること、この三点は三軒に共通する三つの美点である。名古屋に「大甚」という有名な飲み屋があり、人に教えられて出かけてみたが、以上の三軒と似ているようでいて、やはり少し違う。「大甚」その他名古屋の居酒屋では、酒の肴を幾種類もずらりと客の前に並べているのは面白い。「飲み」と「食い」とが一緒になっている感じであるが、どうも東京の飲み屋では、「飲み」の方に重点が置かれているように思われる。

さてその「岩手屋」の主人という人は岩手県出身で、うわべはとぼけているが、実は非常に頭のいい人である。私よりずっと歳上なのに、髪は黒々として私より若く見える長身の好男子である。もう一人前の息子さんが三人いる。何でも以前は盛岡で何か役人か吏員かをしておられたと聞いた。中年で上京して酒屋を始めたらしい。盛岡弁丸出しで、店には岩手県の物産(と云っても酒の肴に限るが)が沢山置いてある。例の「ほや貝」などもむろんである。(私はどうもこのほやはいけない。あの匂いを嗅ぐと胸が悪くなるが、食べ慣れた人には天下の美味であるらしい。琵琶湖の鮒ずしもその類《たぐい》で、うまいものには臭いものが多い。食べ慣れると堪《こた》えられないようであるが、素人は即座にはいけない。但し臭いものは必ずしもうまいとは限らないので、うまいものには臭いものが多いという命題の逆は必ずしも真ならずである。)

どういうわけか、この岩手屋の御主人の内村省三氏は私に親しみを持ってくれて、時々目白の私のうちへ岩手県の食べ物をどさりと持ち込んでくる。その中に「酔仙」という酒があった。「地酒」という言葉が出た時に、まず私の念頭に浮んだのは、岩手のこの「酔仙」という酒である。いっそ、こんどの旅でこの「酔仙」という酒の蔵も訪問してみようかと思い、交通公社の出版事業部に上野の岩手屋さんのことを話し、岩手屋さんの内村さんに岩手の酒蔵めぐりの手配をお願いしてはと云った。むろん早速出版事業部は直ちに岩手屋さんと連絡をとって、万事手筈が整った。（時期的には中国、九州の「地酒の旅」の方が先だったが、岩手屋さんの話から始めた方が工合がいいように思ったので、奥羽の旅が先になってしまった。）しかしいきなり陸前高田の「酔仙」の蔵へ出かけたわけではない。（酒蔵と酒倉とは言葉の意味が違うので使い分けるべきだということを中国、九州の旅で聞いたが、果して然るや否や。酒蔵は造酒屋《つくりざかや》全体を指し、酒倉は酒の倉庫を指すと説明されたようにも思うが、はっきりしたことは憶えていない。）最初はまず秋田へ行って、「高清水」と「新政」の蔵を訪ねたのである。

さあ、いよいよ出発である。うまく書けるかどうか、心許《こころもと》ない。というのも書くことは何もないような気がしてならないからである。

五月某日、午前八時二〇分発の全日空の秋田行の飛行機に乗り込んだ。羽田空港でもかなり前から、鉄枠をくぐらせ、怪しいと睨むと旅客の手荷物の検査をする。先日、アムステルダム空港で一時待合室に入り、再びこれまで乗ってきた日航のジャンボ機に乗り込もうとした時の手荷物検査と身体検査は凄かった。ぺたぺたと身体中触れられ、両腋下に手が突っ込まれる。くすぐったいので、ヒヒヒと笑って飛び上ったら、検査官も少し笑った。最後に股倉に手を突っ込んで、金玉のあたりをさぐられた。くすぐったくはなかったが、あまりいい心持ちはしなかった。女性旅客は別のところで女性検査官にボディ・チェックをされるのであろうが、やはり股倉に手を突っ込まれるのではあるまいか。どんな工合にやるのだろうかと、他人事ながら少し気が揉めた。男の、脱腸の大金玉《おおぎんたま》（「き」が「ぎ」と濁るのは、上に大がきたためで、金が金であることに変りはなく、決して銀になったわけではない。なお「握り金玉《ぎんたま》」参照）だったら、嫌疑をかけられることは必定である。きっとその人は、ズボンをずり下ろして自分のヘルニア金玉《ぎんたま》を展示しなければならなくなるであろう。

羽田空港では、別にそれほどの検査はなく、検問所は悠然と歩みすぎて飛行機に乗り込んだ。ひどく風の強い日だった記憶がある。雨もぱらついていた。秋田空港には九時五五分着の予定であったが、少し遅れたように思う。空港から直接にまず「高清水」の蔵に向った。

「酔仙」と九州太刀洗の「飛龍」、熊本の「美少年」、この三つの以外の酒造家の選択は、すべて交通公社出版事業部に一任してあった。「高清水」、「新政」訪問のことは、旅に出て始めて知ったのだが、国税庁醸造試験所発行の「全国新酒鑑評会・公開きき酒陳列目録」という小冊子を見ると、第一会場・東京国税局・東京都の「丸真正宗」（小山酒造）から始まって、第四会場・福岡国税局・長崎県の「恵美福」（十字屋醸造）に至るまで、日本全国には実にどうも大変な数の酒造家がある。その中の十や二十の酒蔵を訪問して、「地酒の旅」とはいかにもおこがましい。かといって、日本の酒造家のすべてを歴訪するということは私にとっては絶対に不可能である。私が訪れた酒造家の数は日本の酒造家全体からすれば、まさに九牛の一毛にすぎない。そういう意味でも今ここに私が訪問した酒造家の実名を出すことに気持が引っかかるのであるが、これまたどうにも仕様がないので、引っかかる気持の頭を片手で抑えおさえしながらペンを走らせている。

しかし、そうかといって、私が見学した酒蔵の詳細をここに書くというわけでもない。白状すると、どれもこれも、素人の私の眼にはみな同じに見えた。だから、アト・ランダムにどこの酒蔵を訪問しようとも結果は同じだったことであろう。と云い慰めて、先を続ける。「高清水」という蔵は、何軒かの酒造家が合体して出来た蔵らしい。広い立派な部屋で昼食を供せられたが、その席に出て来られた方々が、その何軒かの酒蔵の代表者の皆さんだったのであろうか。「高清水」という酒は甘いと感じた。（一体に酒蔵で唎き猪口で酒を含んでみたところで、素人にその酒の味が解るわけではなし、また出される酒は大抵その蔵極上の、いわゆる吟醸という一種の種酒《たねざけ》のような酒であるから、どこの酒蔵で飲んでも味は似たり寄ったりであった。これが私の偽らざる印象である。その蔵の市販の酒は、別の酒にこの吟醸を加えて味を整えてある。それからもう一つ云っておきたいのは、酒蔵を訪れると、帰りがけに大抵土産にお酒を頂戴する。その頂戴したお酒を、夜、宿に着いてからお燗させて味わうのである。そして「甘い」とか「辛口だ」とか批評するわけである。）

ところで酒造家は一体にこの「甘い」という批評を厭がると聞いていたが、今でも果してそうであろうか。むかしある酒造家に「『甘口』と云わずに『旨口《うまくち》』と云っていただきたい」と云われた覚えがある。しかし今では日本酒人口がふえて、あるいは日本酒人口をふやそうとして、女子供、いや、子供は酒を飲まないが、とにかく広く一般に日本酒を飲んで貰おうとして、酒を甘くしているという傾向があるように思う。事実また女の人は、辛口の酒より甘口の酒の方を好むのであろう。女をも落城させようと思えば、日本酒は甘口にならざるを得ないらしい。

しかし私などには、甘口はいけない。沢山飲めないからである。辛口なら、いくらでもとは云わないが、かなり飲める。甘口の酒は、少し飲み進めると、口の中がねばねばしてくるような気がして、しまいには喉へ通らなくなってしまう。要するに思う存分に酔えないのである。酔いが中途半端になる。それが大変迷惑だ。そこで、甘口はいやだということになるのであるが、そういうことを云っていては、今日ではもう日本酒と縁を切ってしまわなければならなくなるであろうから、結局はこっちの舌を甘口の酒に合わせて行くより仕方がないのである。実名の出序《でついで》に書くが、岐阜に「三《み》千盛《ちざかり》」という酒があり、これがいわゆる辛口の酒だということを最近発見した。私は平素うちでは灘の「剣菱」を常用している。「剣菱」は辛口ということになっているが、「剣菱」は近年どうも甘くなってきた。「剣菱」の蔵へ行って当事者に聞き糺せば解ることではあろうが、私の感じでは昔の「剣菱」の方が辛口であった。――けれども日本酒の甘口・辛口ということはむずかしい。複雑である。考えようによっては、甘口・辛口という概念は随分あいまいな概念であるし、嗜好の問題には厳密な客観的規準というものはないのではないか。日本酒度計という機械があって、甘口・辛口に度合が計れるとも云うが、聞いてみると、日本酒度計でマイナスの値が出る酒でも、実際に口に入れてみると甘く感ぜられるし、その反対の場合もあると云うから、甘口・辛口の問題は結局主観的問題かも知れないのであるが、しかし本当に杯を傾ける人間にとっては、その主観的問題が大問題なのである。その点、西洋のぶどう酒の甘口・辛口ははっきりと答えが出る。それというのも西洋のぶどう酒の味は奥行が浅いからなのであろう。日本酒の味というものは実に複雑で、甘口、辛口、男酒、女酒、コクなどという言葉は、よく使われても、その実その実体は誰にもはっきり解っていないのではないか。

それにも拘《かかわ》らず、近年酒が甘くなったことは紛れもない事実であり、「甘い」酒と「辛い」酒とがあるということも疑うべからざる事実である。そして相成るべくは私などは辛口の酒が飲みたい。しかし辛口の酒にめぐり会えなければ、甘口の酒で我慢するよりほかはない。なぜなら私は日本酒に惚れているから、惚れた弱身で少々のことは大目に見ないわけには行かない。それにまた、甘いの辛いのと文句を云うのも酔ってしまうまでの僅かの間にすぎないのである。酔ってしまえば甘口も辛口もあったものではない。甘口、辛口のことは、恐らくまた別の機会に論ずることもあろうから、今はこの位にして置く。

「高清水」の立派な鉄筋コンクリート建ての建物をあとにして、こんどは「新政」の蔵へ行った。鉄筋コンクリート建てと云えば、若干の例外はあるが（西条の「白牡丹」とか太刀洗の「飛龍」とか）今では大抵の酒蔵は鉄筋コンクリート建てである。木の桶がホーローの桶に変ってしまったように時世時勢で仕方があるまい。日本酒の味そのものも明治時代と今日とでは大いに違っている筈であるが、双方を比較する術《すべ》もないので、これまたどうにもならない。古いもの必ずしも悪しからず、新しいもの必ずしも良からず、その逆もまた真である。

「新政」という酒には馴染がある。もう何年か以前に、上野の池の端の料亭で「新政」試飲の会があって、私も出席した。私の横には遠藤周作さんが坐っていたように記憶する。「新政」は東京の酒飲みの間では、東北の珍重すべき辛口の酒という評判を取っている。むろん「新政」の蔵へ行った時も土産に何本か貰って、夜、宿で飲んだのであるが、甘口だか辛口だか忘れてしまった。「新政」の建物は思ったより小さく、万事が地味な感じであった。お会いした重役さんも何かこう銀行員のような感じの方であったが、あとで伺うと以前は税務署のお役人であったという。「時期が時期ですから、蔵を見物なさっても仕方もないでしょう」という御意見に悦んで従うことにした。なぜなら酒蔵というものは、どこも似たり寄ったりで、一軒見物してしまえば、あとはもう見物しなくてもいい位のものなのである。但し、今まで通りの醸造方式で冬場だけ酒をかもすのではなく、一年中酒を拵《こしら》えている蔵があった。そういう造酒家はほかにもあろうが、私が見学したのは熊本の「美少年」である。ここでは一年ぶっ通しで酒を造っている。もう一つ珍しかったのは、酒の貯蔵タンクが屋外にむき出して置かれていることであった。むろんタンクの中の温度は厳重に調節されているようである。

「新政」の事務所の道をへだてた向う側には同じ「新政」の古い建物があった。丁度その頃、夜来の雨も全く上って、青空が見えてきた。雲のたたずまいにも北の国の趣があって、何かこう気持がしんみりしてくる。

秋田市内を見物した。城趾の公園では盛大に植木市が開かれていた。欲しい植木も二、三あったが、とにかく六尺から七尺という大きなものだったので、むろん買うことは断念した。宿は栄太楼というちであった。この名はかねてから知っていた。というのも横綱の大鵬君はこの旅館のお嬢さんをお嫁さんに貰ったからである。

私の部屋は三階で、華宵とかいう名がついていたかと記憶する。あるいは誤りであるかも知れない。次の間つきの立派な部屋であった。しかし、覗いてみたら、隣りの部屋はもっと立派であった。恐らく大鵬君がやってくると、そこに泊めるのであろう。何しろ大切な娘婿だから。私の係になった女中さんは、小柄でややふとりじしの色白の美人であった。だから名前は今でも憶えている。村山あや子という名前である。(ゆうべある会合で大鵬夫妻に会ったら、大鵬君は二、三日のうちに秋田へ用事で出かけるという。あや子さんによろしく伝えてくれと頼んで置いた。大鵬夫人はむろんこのあや子君のことをよく知っていた。)

宿に着いてすぐ東京の大鵬君に電話をかけた。大鵬君は現役を退いたばかりで忙しそうだった。電話口で、大鵬君が相撲協会から貰った功労金のことなども聞き知った。栄太楼のお母さんも部屋に呼んで、電話に出て貰った。娘さん、つまり大鵬夫人と何事かを話合っていた。大鵬夫人のお母さんという方も恰幅《かっぷく》のいい、気立てのやさしそうな人であった。

風呂から上って、食卓の前にあぐらをかいて、随行してくれた交通公社出版事業部の好青年と酒盛りを始めた。酒は一晩では飲み切れないほどある。料理も非常によく、かつ豊富であったが、小さな茄子の塩漬がばかにうまいので、お代りを頼んだら、もうないというので落胆した。近年夜毎大酒《おおざけ》を喰《くら》うので食欲がない。落ち行く先は塩漬の茄子のようなものになってしまうので、茄子品切は淋しかった。

茄子の塩漬はとにかく、この夜の小宴の模様や「高清水」、「新政」などについて語る段取りになったわけであるが、今もまた「酒は飲むべし、論ずべからず」という自家製の金言の真実なることを悟らないわけには行かない。酒については語ることは出来ないのである。語りようがないのである。「うまい」と云ってみたところで始まらない。「まずい」とくさしてみたところでどうにもならない。「うまくも、まずくもない」と云っても、酒に酔って海の中を泳いでいるようで、何が何だか解らない。そこで適当なところでお抜《ひら》きということにし、交通公社の好青年は別室に退き、私はあや子さんが敷きのべてくれた蒲団の中へ入った。実はあや子さん相手にもっと飲みたかったのだが、揉み手をしながら、「実はですね、実はもう少し、その——」とも云いかねて、不承不承床に入った。床に入れば、大体眠る。その夜もその如く眠ってしまった。

翌朝は雲一つない五月晴であった。秋田から東へ向って盛岡まで、奥羽地方を西から東へ横断する汽車の旅である。本当は電車乃至はディーゼル・カーの旅であるが、そう云っては何となく気勢が上らないので、汽車の旅と書いて置く。おや、蒸気機関車のシュッシュッポッポが聞えてくるようだ。

午前九時五四分、秋田発の急行列車でまず大曲まで行く。大曲には午前一〇時四三分に着く。ここで午前一一時一五分発の何とか線に乗り換えて、音に名高き田沢湖、駒ヶ岳、小岩井農場、岩手山を左上に見ながら、盛岡には午後一時二五分に着く。さて、五月晴なり、新緑なり、風薫るとはこのことかと思われるような、二時間一寸のこの汽車旅は実に気分がよかった。近年あれほど気分のいい汽車の旅はしたことがない。岩手山という山もいい山である。私は山では富士の山、伊吹山、桜島の山々が好きだが、岩手山もぜひこの仲間に入れたい。威ありて猛《たけ》からずという感じである。序文中に書いて置いた駄句によっても解るように、五月の末だというのにまだ雪を残していた。それもまたよかった。

晴天の日の新緑の美しさについては今さら説くまでもあるまい。人が案外云わないのは、曇天の日の新緑の美しさである。曇り日の新緑には複雑な味わいがあって、箇単にはこれは筆端に上《のぼ》しがたい。しかし曇り日の新緑の美しさについては語ることは今は措《お》く。

盛岡の駅には「菊の司」という酒蔵の重役さんが出迎えにきて下さっていた。酒蔵を見物する前に、まず盛岡名物のわんこそばを食べろとおっしゃる。そばはもとより好物なり、悦んで仰せに従った。

ところでそのそばであるが、ひとりの江戸っ子が死ぬ間際に、「ああ一度でいいからたっぷり汁をつけてそばを喰いたかった」と云ったという小噺は有名である。すなわち、そばをどっぷりと汁につけて食べるのは田舎者のすることで、箸で掬い上げたそばの尻尾をちょいと汁に浸して喰うのが江戸前で、本当のそばの食べ方だと何となく信じられているようである。このそばの「本当」の食べ方というのを踏まえて上記の小噺が出来たのであろうが、さていかがなものか。というのも上記の小噺の基礎になっているそばの本当の「食べ方」というのが少し怪しいからである。

私はそばを喰おうという時は、目白の奥から（そう奥でもないが、こう書かないと筆の運びが渋滞するような気がするので）、わざわざ浅草雷門の並木まで出向く。どうも私には、これと決めたらそれ一本で、よそ見をしないという独善的一辺倒主義があるようで、そば並木、うなぎは秋本、すしはどこそこ、ラーメンは廐橋《うまや》の新雅というように決ってしまっている。その並木のそば汁《づゆ》だが、味が非常に濃くてからい。そばをあの汁の中へどっぷりと漬けでもしたらとても食べられまい。従ってやむを得ず掬い上げたその尻尾をちょいと汁につけてするすると吸い上げるという仕儀に相成るのである。

しかしそば汁には二種類のものがある。並木のように濃くはなく、そのままで飲んでも飲める程度の濃さの汁、つまり薄い汁がある。普通のそば屋さんの汁は大抵この手の汁である。そういうお汁だと、尻尾をちょいと浸しただけでは全然味がしない。自然どっぷりと漬けないわけには行かない。こう考えてくると、上記の小噺が嘘を云っているということがよく解る。濃いそば汁ならどっぷりと漬けてしまってはからくて食べられないし、薄いそば汁ならどっぷりと漬けなければ、これまた味がしないからそばが喰えない。というわけであの小噺の云っていることは嘘なのである。

ところで盛岡のわんこそばだが、わんこそばの汁は上にも書いた第二の種類の汁である。薄い汁である。そばの玉は一口で食べられる位に小さい。薬味、具は豊富で、覚え切れないほど沢山出てくる。そばを食べたあとに残る汁を捨てる鉢も卓上に出ている。そばを沢山食べようがためには、汁でお腹をくちくしてしまってはいけないので、残った汁はさっさと捨てるのである。女中さんが空になった椀の中へ器用に投げ入れてくれるそばの玉を何十個も食べなければいけないのである。空になった椀を手にぼんやりしていると、ぽんとそばの玉が投げ入れられるから、もう食べられないという人は、食べ終ったら急いで椀を伏せてしまわなければならない。私は十一か十二食べて降参した。小食の人でも三十玉位は食べるらしい。五十、六十食べる人はざらにいるという（この辺の数字が正確かどうか、一寸不安がある）。私は十一と書いたが、もっと少なかったかも知れない。どの途《みち》わんこそばを食べたというちに入らない位の分量であったことはたしかである。浅草の並木でも、「食が進んで」もりがやっと二枚である。食べた量は少なかったが、わんこそばはおいしかった。ただよだれ掛のようなものを前にかけていないと、そばの玉をぽんと投げ入れる際に汁がはねて衣類をよごすことがある。尤《もっと》も私には、食べる量を競い合うというのはあまりいい趣味ではないように思われる。ああいううまいものは、ゆっくりと食べてみたい。

この「ゆっくり食べる」で思い出したが、歳を取ると食べるスピードが俄然鈍り出す。ゴルフの時など食堂で、若い者と一緒にライスカレーかなんかを同時に食べ始めてみると、これがよく解る。ふと見ると、相手はもう皿を空にしているのに、こっちはまだ三分の一ぐらいしか食べていない。それが随分恥ずかしい。くそじじいの証拠をはっきり見せてしまったような気がする。くそじじいはくそじじい同士でうじゃうじゃ、むしゃむしゃと食《しょく》すべきか、知らず。

わんこそばで満腹して「菊の司」という酒蔵の見物に出かけた。市内を流れる北上川河畔にこの酒造所の建物がある。有名な北上川は初めて見るが、水が少しよごれていた。どこへ行っても造酒家の方々は例外なしに鷹揚で品がよくて親切である。中にはそうでない人もいることはいようが、私が接したかぎりの人たちはみんなおっとりとしていた。ああいう人柄でないと、日本酒というものは造れないのかも知れないし、また日本酒を造っていると自然ああいう人柄になって行くのかも知れない。そこには、互いが互いの因となり果となるという関係があるのであろう。「菊の司」の紳士諸君またしかりであった。そうだ、この紳士という言葉が造酒屋の人々にはぴったりするように思う。

「菊の司」を辞し去ってから、盛岡市内をほんの少し見物して廻った。盛岡という町はいい町だと思う。何となく艶がある。この、町の艶というものは面白いもので、自然と出てくるのであって、出そうと思って出せるものではあるまい。そして日本にも沢山の町はあるが、艶のある町というと、そう多くはない。私は盛岡を以って艶のある町の一つに数えたい。もう一つ例を引いてよろしければ、九州筑前の博多の町がそれである。艶のない町の一例としては、いや、そっちの方の引例はやめておこう。上にも書いた天神下の「岩手屋」の内村さんは盛岡出身で、ちょいちょい盛岡に帰省するから、一度内村さんの案内でゆっくりと盛岡を見物してみたい。そして悠々としてわんこそばを食べて、うしろに立って、今か今かとそば玉を持って隙を窺っている女中さんをいらいらさせてやりたい。私は今、何々したい、何々したいと、「たい」と云ったが、したけりゃするがいいじゃあねえかという小林秀雄さんの声が聞えてくるようで、首をすくめている。

次に訪れたのは「岩手川」の酒蔵である。この酒蔵は大きかったが、社長さんの口から、トーマス・マンという名が出、『魔の山』という書名が出たので驚いた。社長の関口さんは私がトーマス・マンの『魔の山』の訳者であることを知っておられたのだし、またこの大部の小説を読破しておられたのである。夜は「菊の司」や「岩手川」のしかるべき方々の御招待で随分飲んで、旅先としては珍しく酩酊した。何だか嬉しくて仕様がないので、関口さんへであったか、自分がこの旅行に着込んできたアクワスキュータムのレインコートを進呈してしまった。翌朝起きしなにこのことを思い出して、恥ずかしくて汗が出た。自分が着ていたものを御他人様に差し上げるなどという失敬千万なことも、酒に酔っていたからこそ出来たのであろう。「しまった、まずかった」と呟いては大いに後悔した。（後日譚がある。東京へ帰ってしばらくして、関口さんは立派な、高価な本を一冊贈って下さったので、恥ずかしさはいよいよひどくなった。私には酒に酔って人様に品物を進呈するという悪い癖がある。非礼この上もないことだと、酔っていない時は深く自らを戒めているのであるが、酔うと、さあいけない。）

宿は盛岡グランド・ホテルであった。このホテルはお伽噺の中にでも出てきそうな、洒落た、可愛らしい、綺麗なホテルであった。朝九時、陸前高田の「酔仙」から迎えの車がホテルにやってきた。盛岡から陸前高田までは相当な途のりである。何時間かかったか忘れてしまったが、今、当時の旅程表を見ると、片隅に小さな字で「リンゴの花びら、山つつじ」と書いてある。この二つが特に印象的だったのであろう。「酔仙」の蔵は、こんどの旅で訪問した酒蔵の中では最大のものであった。実に大きかった。何かその辺は、空間が別のところより大きくて、空気の純度も高いような気がした。空気の純度などというものがあるのかないのか知らないが、こんな変な言葉を私に使わせずには置かないような、何か大きな澄んだものが陸前海岸地方にはある。酒蔵も例の如くざっと見物して、と云っては申訳ないのであるが、酒蔵というものはどの酒蔵も似たり寄ったりで、わざわざ詳しく書くにも及ばぬような気がするし、素人の私如きがきょろきょろしてみても何も解りはしないのである。案内して下さる方の言葉に合槌を打って、「ははあ、ははあ」と畏《かしこ》まってすべって転ばないように足許に注意しながら通り抜ければそれでいいのである。しかし「酔仙」では、日本酒を飲む人間をふやそうと千々に心を砕いて、容器や酒そのものの種類などいろいろと工夫をこらしているらしい。西洋風のさまざまな酒の攻勢を前にして、これは日本酒を造る人間にとって当然のことと思われるが、私は少し保守的で、日本酒は頑《かたく》なまでに従来通りの姿勢を保って行った方がいいと考えるのである。ウイスキーが売れようが、中国の酒に人気が出ようが、ビールがどうしようが、己は己の道を往くと、泰然としてこれまで通りにやって行った方が却って世の視線を日本酒の上に向けさせることになるのではあるまいか。冷用酒だの罐ビールを真似た罐酒だの、日本酒とぶどう酒の合の子だの、そういう道草は喰わないで、昔ながらの銚子と猪口を使い、燗をして、ちびちびとやる日本酒一本に絞って行った方が日本酒の風格を増し、ひいては日本酒人口を増加せしめる所以《ゆえん》ではあるまいかと存ずる。

昔の第一高等学校の寮歌に、

星霜移り人は去り
舵とる舟師《かこ》は変るとも

云々という文句があるが、なるほどすべては変化流転する。われわれは二度と同じ川の水に足を浸すということがない。けれども一種の不変数（こういう言草があるかどうか知らないが）のようなものもあるのである。この日本列島の上を吹く風、流れる雲、春夏秋冬の変化、つまり日本の風土は婦人服の流行の変化とその歩みをともにはしないのである。一朝一夕には変らないのである。いや、われわれの人生の長さ、というか短かさというものをかたえに置いて考えてみるならば、そういうものは「変らない」と云い切ってしまってもいいかも知れない。ところでこの日本酒というものも、そういう日本の風土が生み出したものなのである。従って日本酒には、昨日今日日本へやってきた、そこいらの西洋や何かの酒に較べたなら、挺子《てこ》でも動かないだけのずっしりしたものがあるのである。その日本酒の強さは、実は日本の風土の強さなのだ。コンピューターや何かでは日本の風土は変えられない。外国からどんなものがやってこようと日本の火山は火を噴く時には火を噴くであろう。春のそよ風、秋の時雨はなくなりはしない。日本酒というものも、実はそういう日本の風土の中に深く根を下ろしているのである。あたふたするには及ばない。でんと腰を据えていればいいのである。ふらふらとよそを箒していた浮気者たちも結局は日本酒のふところの中へ帰ってくる筈である。

見晴らしのいい料亭で大いに御馳走になって、また車に乗り込んで、盛岡と陸前高田の丁度中間地点に位する花巻へ向った。しかし花巻へは直行せず、その前に大船渡《おおふなと》、気仙沼《けせんぬま》などの辺の陸前海岸を見物して廻った。どこをどう廻ったのか、手許にある高校生用の日本地図ではそれが解らない。碁石海岸というところへも行った。天気が悪く、霧がかかっていたが、碁石海岸は景勝の地たることを失わないし、大船渡という町も、自動車の窓から眺めただけではあったが、人なつっこいような味があって、とても気分がよかった。あとで例の内村さんにあの辺の土地はいくら位するのだろうか、あの辺に家を一軒建てたらよかろうと思ったと云ったら、では早速手配しましょうと、今にも電話をかけそうにしたので、慌ててそれを押しとどめた。金のない人間は口を慎しむべきである。けれどもあの陸前海岸から北一帯にかけての太平洋沿岸には、何か荒々しい、爽快なものがある。車が海沿いの、とある一軒の家の前に止った。われわれを案内して下さった方がその家から籠のようなものを持ってこられた。あとで解ったが、それは東京への土産物としてわれわれに下さる帆立貝であった。むろん生きていた。

花巻空港で日本国内航空の二四四便に乗り、東京へは夕方帰着した。頂戴物の帆立貝を肴に台所で一杯やった。一杯やったと云うと、簡単に酒が終ってしまったように聞えるかも知れないが、この時もいつもの例で、延々深更に及んでなお敢えて杯を措こうとしなかったらしい。いつものことだが、酒の終りは自分にはもう解らない。人間、死ぬ時もそんな風かも知れない。

地酒の旅（下）

ひと口に地酒と云うが地酒とは何か。辞書を見たら、「その土地で醸造された酒」というとんまな説明がしてあった。どこに空中で醸造される酒があろうか。どんな酒だって、ある土地で醸造されるに決っている。

では、地酒とは何か。

地酒とは、と私は考える、ある土地、ある地方で醸造されて、その醸造された酒が同じその土地、その地方で全部はけてしまうような酒を云う。といえば話は簡単だが、実情はしかし簡単ではない。なぜならば、AならAという酒蔵で醸造された酒の半分を大きな銘柄の酒造家へ売って、残りの半分をその土地でさばくというようなこともあるし（売られた酒は有名銘柄の蔵でブレンドされて、その銘柄の酒として市販される）、そういうことはせず、出来たものを全部その土地でさばいてしまう場合もあり、また出来た酒をその土地へは売りに出さず、大きな酒蔵へそっくりそのまま納めてしまう場合もあると聞く。有名銘柄の酒には、従って地方地方の地酒の化けたものも入っているわけである。尤《もつと》も地酒そのままではなく、その酒造家で味を変えて、その酒造家の酒の味にしてしまうのである。それはそうであろう、たとえば菊正宗の醸造工場がどれほど大きかろうとも、日本全国津々浦々へ供給するだけの量の酒を灘にある菊正宗の工場だけで造り出せる筈はないからである。剣菱は私の常用する酒だが、以前は東京ではひどく品薄だったのに、近頃は大分出廻っている。やはり「買い酒」ということをしているのであろうか（因《ちなみ》に云うが、私は「買い酒」ということを非難しているのではない）。従って東京によく出廻っているような銘柄の酒は、私の定義に従えば本来の「地酒」ではない。たとえば私の最初の「地酒の旅」で立ち寄った「賀茂鶴」などは、いろいろの意味で地酒とは見なしがたい。これに反して九州太刀洗の「飛龍」や山梨県塩山の「旭菊」などという酒は、その土地土地で全部はけてしまうらしく、そういうのをまさに本来の地酒と呼ぶべきであろう。

全国にその名の知られている銘柄の酒と、地酒とを並べると、どうしても地酒の方が分が悪い。地酒というと何となくやぼったい、田舎っ臭い、まずい酒というような感じがある。私はそういう地酒説には真向うから反対したい。老若男女貴賤都鄙《とひ》、誰の口にも合うようにブレンドされた酒、つまり日本全国に出廻っているような酒には面白味がない。味に味がない。若《し》かず地酒に一片耿《こう》々の志あるに。私の云うような意味での地酒には何となく角《かど》がある。舌に引っかかるものがある。一流料亭のお女将《かみ》さんのように滑《なめ》っこくない。そこにこそまさに地酒の真面目、真骨頂があると云うべきであろう。うまい、まずいなんていう問題ではないのである。

そういう地酒を求めて、私は交通公社出版事業部の方と一緒に、最初まず中国地方、九州北部への旅に出た次第であった。秋田、盛岡、陸前高田の旅はそのあとのことである。

往事茫々として、は、ちと大げさだが、この旅は去年四月中旬のことだったので、もう一年半ばかりの月日が流れて、この旅のことはあらかた忘れてしまった。東京から大阪までは日本航空、大阪から米子までは東亜国内航空の飛行機に乗った。雨催《あめもよ》いの空だったことは、はっきりと憶えている。米子空港に近づくと、海だか湖だか知らないが、水が見えてきた。何だか方角がよく解らない。あとで地図を見ると、それは中海という入江であった。この中海の西に宍道湖《しんじ》がある。米子のそばの皆生《かいけ》温泉、それから安来《やすき》、出雲と、もうすでに一度きたことのある土地であるが、米子はこんどが最初である。尤も米子市を見物するわけではなく、空港から車ですぐ松江へ向った。松江の酒造家を訪問しようというのである。訪問したのは、「李白」、「豊の秋」、「国暉《こっき》」という酒の三軒の蔵であった。

私が生れて初めて見物した酒蔵は山梨県甲府市近郊の増穂というところにある「春《しゅん》

鶯囀《おうてん》」という酒の蔵であった。この酒造家の三男坊が大学で同期だった中込忠三である。中込に連れられて増穂村（当時は村だった）の酒蔵へ出かけたのは、昭和八、九年頃かと思う。丁度初飲《はつのみき》切りとかいう日に当っていて、税務署の役人が出向いてきて、酒桶の封を切るとか何とかするもの日らしかったが、詳しいことはよく憶えていない。中込家の大きな便所の中で、中込と一緒に小便をして、小便を交叉させたことは憶えている。いかにも田舎の旧家らしい感じが家の中の隅々に漂っていた。酒倉の中は深閑としていた。酒造りの仕事はもうとうに終っていたのである。五月頃だったであろうか。増穂村の近くには例の三題噺で有名な鰍沢《かじかざわ》がある。その辺を流れている釜無《かまなし》川の河原でしばらく時を過した。中込の家のうしろはすぐ釜無川の河原であった。

二度目に酒蔵を覗いたのは、九州の太刀洗の「飛龍」を訪れた時である。この「飛龍」の樋口家の次男さんが私の九州大学での弟子で、樋口君はのちに私の助手も勤めてくれた。真冬、ドイツから九州大学へきていた女性講師その他の諸君と樋口家へ招かれて御馳走になったが、その時初めて槽《ふね》からしたたり落ちる原酒を柄杓に受けて飲んでみた。原酒はうまくもまずくもない、何とも形容しにくい味であった。それでも、少しおいしいような気もしないでもなかった。気味が悪いようでもあった。槽のある辺は、何だかびしょびしょしていた。倉全体に甘酸っぱい匂いが立ち籠めていた。この甘酸っぱい匂いは、酒倉独特の共通のものであることをあとで知った。天井の高い、古風な、広々とした立派な座敷で大いに御馳走になったのだが、その寒かったことといったらなかった。暑い記憶はないのに、寒い記憶は鮮明に残っているというのはどういうわけであろうか。私のこれまでの生涯で一番寒かったのは、昭和初年の紀元節に、代々木練兵場の観兵式に中学校の生徒全部が参列させられた時である。樋口家の酒盛りは四番目か五番目位に寒かった。そのせいか、いくら飲んでも酔いを発しなかった。

三度目の見学は東京近郊にある「大関」の酒蔵であった。「大関」は灘の酒であるから、東京近郊にその酒蔵があるというのも妙な話だが、まあ分遣所、支所のようなものであろう。三男の友人のお父さんが、この東京の「大関」醸造所の主任の方の遠縁に当るとかで、埼玉県でゴルフをした帰り道に立寄った。一月で、酒が出来上りつつあるところであった。この蔵の特色は、一切が昔ながらの方式と木製の道具で進行するという点にあるらしかった。なるほどその昔、甲州の「春鶯囀」の仕事場で見かけたのと同じ道具が並んでいた。貯蔵桶も木製であった。

さて四回目がこの松江の三つの酒蔵である。どこかの蔵だっただろうか、酒は「甘、辛、ピン」という順序で喉へ落ちると聞いたのは。つまり酒を口に含むと、最初は甘味を感じ、次に辛味を感じ、最後にはチリリと刺戟を覚える。酒の味はそうなくてはならぬというのである。しかし私などは慌て者で、甘も辛もピンもなく、ただ、がぶがぶ、ふわふわと飲んで羽化登仙《うかとうせん》である。これが甘だぞ、次は辛だぞ、いよいよピンだぞと云っていたのでは酒がまずくなってしまうような気がする。

松江では、これまでに世話になったことのある皆美館《みなみ》に泊った。松江大橋の袂《たもと》にあって、庭先はすぐ宍道湖の水に接している。俗曲の文句に、「夕暮れに眺め見渡す隅田川」というのがあるが、火ともし頃、川なり、海なり湖なりの水に近くにいると、私は必ずこの文句を思い出す。水は、眺め見渡さずにはいられない。千秋楽の日、相撲場を出て蔵前橋を渡って隅田川の水を見はるかす。何ともいえない気分である。決して愉快な気分とか朗らかな気分とかいうのではない。複雑な気分なのだ。水の中には、どんな水の中にも死神が顔をちらつかせるように思われてならない。しかもそれは、ぞっとするような、怖い死神ではない。こちらが眼をつぶって、からだを投げかけて行きたくなる、われわれの故郷を意味するような死神である。水は、懐かしくもまた不気味である。そしてわれわれが永いこと何事をも思わずに黙って水を見ていられる、飽きないというのも水の不思議の一つであろう。私は東京の下町に生れて、夏、親に連れられて房州の海岸へ海水浴に行く以外には、水に接する機会に恵まれなかった。私が親近しえた水は神田川の水、神田の水道橋の上から眺める神田川の水、和泉橋で米問屋をしていた叔父の家の米倉のすぐ下を流れている神田川の水であった。倉庫の、川に面した戸口に坐って、足許の神田川の水を眺めていると、めだかのような小さな魚がきれいな水の中をすいすいと泳ぐさまか見られた。呼べど還らずである。人の一生もまたそれだ。

皆美館の夕食は大変豪華で、おいしかった。旅館に泊って、うまいと思って夕食を食べた経験は皆無に近いが、こんどの旅行の皆美館の夕食と、秋田の栄太楼の夕食とは及第である。こんなことを云うと、冥土から内田百閒くそじじい先生の声が聞えてくるようである。「あんたさんはそんなことをおっしゃるが、それなら不断おうちでどんなものを召し上っていらっしゃる?」。この「あんたさん」を別とすれば、百閒先生は私のような歳下の者に対しても随分丁寧な言葉遣いをされた。それからこの「あんたさん」だが、これは先生がお金を借りられた一高利貸の口癖だったようである。その高利貸の口癖が先生に伝染《うつ》って、累を昭和の御代の私にまで及ぼす。

さて、と思案した。一体己《おれ》は不断うちでどんなものを食べているのだろうか。食欲はつねに殆どない。家人が昼間から大騒ぎをして、夕方やっとこすっとこ拵え上げたような、少し凝った料理など、申訳無之候《もうしわけこれなくそうらえ》ども大抵まずい。一口食べるだけである。それでは、出されれば必ず食べる料理にはどういうものがあるだろうか。ライスカレー、これもうちで手間暇かけて作ったものはまずいし、高級なライスカレーもまずい。子供の頃、近所の西洋料理屋から岡持ちに入れて「へい、お待遠」と届けてきたような、下手物ライスカレーがうまい。これはきっと子供の頃に初めてライスカレーを食べて、これはうまいとつくづくと感じ入った、その感動が残存して、今でも安物の下手物のライスカレーをうまいと思うのであろう。それから煎り玉子。煎り玉子は中学校のお弁当のおかずによく持って行ったので、古馴染なので縁が切れずに今でもうまいと思うらしい。大きなダルマ（打って型を作った、柄のない金物の鍋）に水を入れて火にかける。それから小さなダルマに卵をといて味をつけ、左手にやっとこを持ち、これで小さなダルマの縁を挟み、右手に割箸あるいは菜箸を五、六本鷲づかみにして、ぐらぐら沸騰している大きなダルマの湯の中へつけて、右手の箸で小さなダルマの中の卵を掻き廻して煎り玉子を作ると、つまり湯せんにすると、煎り玉子に焦げ目がつかず、色が綺麗に上るけれども、私には昔のお弁当の中のような、焦げ目のついた、ぐちゃぐちゃした煎り玉子の方がおいしく思われる。それから千切りにしたキャベツにウースター・ソース（ヨジムチンキ・ソース）をどぶっとかけたもの。市場の肉屋さんで売っている、肉の影も形もない平べったい一個三十円のコロッケ（このコロッケでは面目を施したことがある。円タクが赤信号で停止した、丁度肉屋の前である。揚げたての例のコロッケが金網の中にずらりと並んでいるので、つい運転手さんに声をかけた、「ねえ、運転手さん、あの、ほらそこの肉屋のコロッケ、あれは意外とうまいもんですな」「そうですよ、旦那、あれはうまいや。飯《めし》にもパンにも合うしね。腹は一杯になるし。あれはいいもんだよ」。このやりとりのあと、どうも運転手の態度がよくなったような気がする）。梅干、梅干も関東では小田原在の梅は不作で、台湾から輸入して小田原産と称して売っていたらしいが、台湾との関係に変化が生じたので、どうなることかと、先日、小田原の人が案じていた。梅干はいつ食べてもうまい。次はおから、おからをうまく喰わせようと思ったら、一寸手間がかかるが、私の場合は普通の料理法で結構うまいと思うので世話は焼けない。里芋の煮っころがし、安いラーメン、いやもうよそう、いずれをとってもわびしい食べ物ばかりで、幼時の貧乏暮しを彷彿たらしむるだけだ。

だから皆美館の夕食はおいしかった。朝食時の、薄いわかめ（松江ではめのはと云うのだそうである）を一寸焙《あぶ》ったのもうまかった。そのわかめは土産にうちへ持って帰って、同じ方式で食べてみたが、松江で食べたのほどうまくなかったのはどういうわけであろうか。皆美館の係の女中さんにも一寸惚れたが、惚れたところで——地酒はどこへ行った？

地酒といえば、ああこれが地酒というものだなとしみじみと思いながら傾けた酒がある。所は森鷗外生誕の地、石見《いわみ》の国、津和野である。もう十何年も前のことになるが、人に案内されて、晩秋の一日、津和野へ遊びに行った。津和野は当時まだ現在のような観光地にはなっていず、山峡《やまかい》の静かな小さな田舎町であった。方々見物した挙句、夕方とある旅館の一室に疲れを休めようとして、酒を註文した。これこそ真正真銘の地酒で、名前などはもうとうの昔に忘れてしまった。その酒がひどくうまかった。地酒特有の癖があってそれがまた酒興をそそった。傍の友人が、これはあまり上等な酒じゃないと云ったが、地酒とはこういう酒を指すのかと思わせるような酒であった。暮色は漸くにして濃くなって行く。陽は津和野城趾のある西の山の向う側に沈んで、空はまだ残暉を漂わせている。ただ、酒の酔の中へ沈んで行くだけで、頭の中は空っぽであった。時々頬に山間の冷気を感ずる。酒はサイダーや汁粉などとは違う。酒そのものの味もさることながら、酒を飲む時の無数の条件、心理的、物理的、物質的な無数の条件が酒の味を複雑微妙に規定する。うまい肴があれば酒はうまく飲めるというものでもないし、気分が鬱屈していれば酒もまずいというものでもない。吹く風の音、空の色、灯《ともしび》の明暗の如きものまでが、酒のうまさを何程かは左右する。津和野の旅館の夕まぐれに飲んだ酒は、あとから私にそういうことを反省させた。

明くれば晩春薄曇の四月某日、松江を発って米子に出て、米子から伯備《はくび》線の急行「隠岐」号に乗り込んだ。山陰道から南下して山陽道へ向う、中国地方を北から南へ横断する線である。海岸沿いに走る汽車の旅もいいが、山をいくつも越えて行く汽車の旅には格別の味わいがある。今ふと思い出したが、どこか途中の駅に咲いていた大木の山桜は見事だった。九州の九重《くじゅう》高原のゴルフ場で、あるホールの横に、あたり一面の新緑の中にぽつんと一本、山桜が咲いているのを見て不思議な感慨に浸ったことがある。花は桜、桜は山桜にとどめをさす。西洋の花には何かこう卑賤なところがある。咲きましたよ、咲きましたと、わざわざ人に云おうとしているような気味がある。(花で思い出した。花はこれ草木の性器なり、世の人この性器をめづることしきりなれども、人間の花は如何《いかん》と云った犬儒派がいた。)

花より団子、ではない、酒に戻ろう。その日は倉敷附近の酒蔵をめぐった。「金光賀真」、「万年雪」、「賀茂緑」の三軒である。これらの蔵で、「ふとりすぎ」の酒、相撲型・美人型の酒などという言葉を教えられた。備中は、水よし、米よし、杜氏《とうじ》は備中杜氏ということで、酒は大層いいのだそうである。だそうであるも無責任だが、素人の私にそう細かいことの解ろう筈もない。ひどく甘くなければ、私にはどんなお酒も結構おいしいのである。これは私に限ったことではないのかも知れない。

宿は倉敷の国際ホテルに取ったが、寝る前に一寸外へ出てみようと、交通公社の相棒と倉敷の町をあちこち歩いてみた。しかし、倉敷の夜は淋しくて、店も早々と締まってしまって、どうにも仕様がなかった。ホテルに帰ってホテルのレストランで一杯やったが、ホテルのグリルで飲むほど味気ないものはない。その時のメモの紙片の裏側に、女の横顔が二つ描いてある。二、三テーブル向うに、向い合って坐って食事をしていた中年の女性ふたりのプロフィルである。やはりホテルのグリル、といってもそれはスイスのツューリヒのホテルだった。ひとりで飲んでいて退屈してしまって、あり合わせの紙切れに、近くに坐っている客の顔を写生していたら、隣のテーブルにいた客が、「あのシナ人は絵描きらしいな、ほら、ごらん、写生をしているよ」と云った。私にドイツ語が解らないと踏んだのだろう、かなり大きな声でそう云ったので、写生はやめた。歳を取ると、外国のひとり旅は全くしんきくさい。かといって、女房を連れて歩くと、ポーター、勘定奉行、通弁と、一人三役を相勤めなければならないので、これまたしんきくさい。

この旅は四泊五日の長旅であった。翌日は倉敷から、酒所としてその名の高い西条へ乗り込んだ。見学した酒蔵は、「賀茂鶴」と「白牡丹」である。「賀茂鶴」の蔵を訪れて初めて知ったのであるが、「賀茂鶴」は「カモヅル」ではなくて「カモツル」が正しいようである。酒蔵としては名門に属するのであろう。世帯も大きかったが、何よりも工場の清潔なのにびっくりした。聞いてみると、清潔は社是、というか工場のモットーの一つなのだそうである。「賀茂鶴」は元和《げんな》年間に始まった蔵だという。二代将軍秀忠の頃であるから、古い蔵である。西条駅（?）の近くの立派な料亭で昼御飯の御馳走になった。出された酒はむろん賀茂鶴である。

延宝三年つまり四代将軍家綱の治世にその礎を置いたという「白牡丹」の蔵も立派な蔵で、御主人が万事詳しく説明して下さった。そうだ、蔵というのは工場その他の建物を引っくるめての呼称、つまりキャンパスの意、倉というのは一棟一棟の倉庫を指すと教えて下さったのは「白牡丹」のあるじであった。この蔵では、市販の酒を四十五日経つと買い戻して、少しでも変調した酒は味を調整してまた売りに出すのだそうである。ガラスの瓶に詰めた酒を日光に当ててはいけないとも教えられたが、そういうことは解っているようでいて、ついうっかり忘れてしまう。またこの蔵は二級酒を大事にしているということであった。二級、一級、特級という酒の等級であるが、私にはどうもこの格付けは合点が行かぬ。定価、売価をまちまちに、それぞれの酒造家の考えに従って決定して、それをただ売り出せばよかろうにと思う。客は好きな値段の好きな酒を自分で選んで買って飲めばいいのに。高級料亭などでは特級も一級もなく、勝手にお銚子一本いくらと値をつけるのであるし、一般の人は定価と味の見合った酒を買って飲めばよさそうに思う。現に特級よりうまい一級はいくらもある。一級、二級またしかり。世の中というものは、中味を見ないでレッテルを見る。私が慶応大学の講師を勤めていた時、雑誌社の人などから肩書を聞かれて、「講師」と答えると、困ったような顔をした人がいた。講師では困る、教授でないと恰好がつかないというのである。私の知らない間に私は何度か慶応大学教授になった。繰り返すが、世の中の人は中身を見ないでレッテルを見る。これは中身を見る眼力がないからなのか、あるいは中身よりレッテルの方が現実だと思うからなのか。ゲーテに、「この人生で最も簡単そうに思われて、しかも最もむずかしいことは何かというと、それは、われわれの眼の前にあるものをわれわれ自身の眼で見るということである」という言葉がある。これは「賀茂鶴」の特級、これはどこか地方の地酒の一級酒と云って、しかし中身を逆に入れ替えて出して飲ませてみると、偽って「賀茂鶴」と名乗るどこか地方の名もない酒の方をみんな、「うむ、これは、流石《さすが》は賀茂鶴だ」などと云ってうまがるに違いない。一度そういういたずらをやろうと思っている。しかし種明しはちとしにくかろう。しかしその位のいたずらをやらかさなければ、世の中のレッテル重視主義はいつまでも大きな面をし続けることであろう。

広島グランド・ホテルで一泊して、翌朝午前九時〇五分の東亜国内航空の七二一便で福岡へ向った。さて、この空路が大変だった。どう大変であったかは、ちょっとここに書き記しがたいが、珍しいことでもあるので、やはり勇を鼓して書いて置こう。予め読者諸彦《しょげん》の御寛恕《かんじょ》を乞う次第である。

私は酒飲みのつねとして、年中お腹がゆるい。そのゆるいもただのゆるいではない。純粋の液体にもう一歩というほどゆるいのである。滝のようなものなのである。ゆるいだけならばまだしもだが、ゆるい上に待てしばしがない。随所随所、そのゆるいやつが発言したがる。つまり外の景色を一見したがる。一旦むずむずと来たら最後、大急ぎで狭い部屋の客とならねばならぬ。全く油断も隙もあらばこそである。広島の空港で飛行機に乗り込んだら、突如例のむずむずが始まった。額に薄っすら汗をかいているのが解る。飛行機に乗り込むや否やトイレットに入るというのがどれほど没趣味で見っともないか、そんなことは百も承知、二百も合点だが、敵は自由意志を持っていて、残念ながらこの私の目覚めた分別ある意志の統制下にはない。そこで恥を忍んでトイレットのドアに手をかけた。そうしたら、傍のステュワーデスが、

「おトイレの御使用は飛行機が出発してからになっております」

と私を押しとどめた。

「申訳ないんですが、お腹をこわしていて、とてもだめなんです。つまり、その、漏りそうなんで、相済みません」

と私は頭を下げた。ステュワーデスは何か片附かないような顔附きで、入っていいとも、いけないとも云わずに私の顔を見ている。こっちは相手の顔附きなんぞに構っている暇はない。有無を云わさず中へ押し入った。飛行機が飛び立ってから、私はやっと自分の席へ戻った。同行の交通公社の方は、

「大丈夫ですか」

と心配そうである。ひとまず凌《しの》いだので、当分は大丈夫である。と思っていたら、さあいけない。再び相催申候《あいもようしもうしそうろう》。しかし今度は堂々と大手を振って入室した。

液状であること、待てしばしがないことのほかに、もう一つの特色がある。これでいいという切りのないことである。出そうで出ない。立上って身じまいをすると、また催す。仕方がないから、もう一度しゃがみ込む。何も出はしないのに、出そうな気配ばかりは依然としてある。仕方がないからじっとしている。しかし何事も起らない。そのうち飛行機が少し揺れ始めた。片方の手ではズボンを抑え、もう一方の手では壁の把手みたいなものをつかんで、というはなはだ奇妙な恰好で、ぐらぐらと揺られ放しである。その揺れも次第にひどくなってきた。大きな飛行機でなら、「御自分の席にお戻り下さい」という掲示板にランプがつくところだが、幸か不幸かこの小さな飛行機の便所内にはそういう掲示板はない。怖さは怖し、まだ出そうだし、どうにもならないので、そういう変な恰好で、どすん、どすん、ぐらぐらである。広島から福岡までの飛行時間は五〇分である。そして私はそのうち四〇分か三五分位は便所の中で、普通では考えることも出来ないような姿勢で膏汗《あぶらあせ》を流していた勘定になる。よくスチュワーデスに怪しまれずに済んだと思う。乗り込むなり便所へ入って、降りる間際になって初めてのこのこ出てくる客はそうざらにはいないであろうから。

福岡の板付空港へは、「飛龍」の若夫人が自動車を持って迎えにきて下さった。太刀洗の「飛龍」の蔵までこの車で直行するのである。福岡市内を抜けると、菜の花、蓮華の花、蘇芳《すおう》の紫赤色の花がきれいだった。

　久し振りに樋口家の閾《しきい》を跨いだ。すぐ午餐の御馳走になった。この前の、寒い思いをした立派な客間であるが、今は四月も半ば故、寒くはないのでありがたい。ところが、鳥栖《とす》駅午後二時〇六分発の急行列車の切符が買ってある。ゆっくりしてはいられない。御馳走になっただけで、酒蔵は見学せずに樋口家を辞したが、あとから考えると、一体何をしに行ったのか、訳が解らない。「飛龍」へはただ御馳走になりにだけ行ったという結果になって、どうも申訳ない。しかし上にも書いたように、酒蔵はどこも同じことであるから、見学といっても通り一遍なので、それならいさぎよく見学せずにきてしまったというのも一見識だと変な理窟をつけた。

「飛龍」という酒とは馴染が深い。前にも云ったように、当主の弟さんが九州大学で私の助手を長い間勤めていて、ちょいちょい「飛龍」を恵んでくれたからである。この樋口君がこの慈善行為を忘れかけた頃になると、私の方から切り出す。

「樋口君、そろそろどうですかな」

「は？　何でございましょうか」

　こういう風に樋口君は、育ちがいいせいか、口のきき方、態度が大変礼儀正しいのである。

「いやさ、太刀洗ですよ」

「は？　兄のところでございますか」

「さよう、お酒を造っていらっしゃるおん兄上は、御機嫌うるわしくわたらせられるかな」

「え？　は？　あ、これはうっかりしておりまして。早速申しつけますです、はい」

というようなやりとりで「飛龍」をせしめること、そもいくそたびなるぞや。「飛龍」はそういう次第で随分飲んだ。ここの条《くだり》が樋口君のおん兄上の目に触れれば、東京へ「飛龍」が飛んでくるかも知れない。やれやれ、だから私は、実名を書くのはいやだと云ったのである。呵々。

　鳥栖から三十分足らずで瀬高に着く。瀬高では「園の蝶」と「菊美人」（この蔵は北原白秋のお姉さんのおうちだそうである）の二軒を訪問する予定であったが、何だかこうくたびれてしまったので、「菊美人」の方は割愛した。

「園の蝶」という文字は、どこかで見たような気がしていたが、この蔵の御主人に伺って、ああそうだったかと合点した。大相撲の呼出しさんで、紫色の縮緬地に白で大きく「園の蝶」と染め抜いた着物を着て土俵を勤めている人がいる。だから何となく「園の蝶」という文字が頭に入っていたのである。あれはむろんここの御主人が呼出しさんに贈ったものである。意外なところに意外な贔屓《ひいき》がいて、意外な方法で相撲に声援を送るものである。全くの話、相撲社会の方々に接していると、何か贈らずにはいられない気持になるというのは実に不思議である。贈らずにはいられない気持は大いにあっても、その贈るべき金品の持ち合わせがないというのは（何を隠そう、これが私の場合である）、実にどうも忌いましいものである。この忌いましさは、揺れる飛行機の便所の中にうずくまる不快と同様に、自分自身でとっくりと味わってみなければ解るまい。

夜は、瀬高から車で十五分ばかりのところにある舟小屋温泉の旅館に泊った。昭和二十五年から四十五年まで、九州大学には二十年間も勤めていたが、ついぞ舟小屋温泉へは行ったことがなかった。舟小屋はこんどがはじめてである。同行した人が気を利かせて、小宴に芸者を呼んでいた。二、三杯飲んでいると、女中さんが次の間に三味線の箱を持ってきた。私はそれまで芸者がくるとは知らなかったので、女中さんに、

「箱ですか」

と尋ねたら、女中さんは、

「いいえ、三味線です」

と答えた。

夜は夜ぴて強い風が吹いた。

翌日はこんどの旅の最終日である。舟小屋から車で再び瀬高に戻り、瀬高駅から急

行列車「西海」に乗って、一〇時二〇分に熊本に着く。熊本郊外の「美少年」の酒蔵へ行こうというのである。

その前に熊本市内にあるレストランで昼食を認《したた》めた。このレストランは、以前はいかにも西洋御料理調進仕候というような感じの古風な（そう、そう、古風といえば岡山の後楽園の中にも一軒、古風なレストランがあった。浩養軒といったかと記憶する。それから京橋交叉点角の第一相互ビルとか何とかビルとかいうビルの最上階には「東洋軒」という、これまた古風なレストランがあった。ああいうところでものを食べると、本当に洋食を食べているという気がするのだが）店だったが、こんど行ってみると大変近代的に改造されていた。そのせいか料理もまずくなったように思った。

「美少年」という酒を私に教えてくれたのは故尾崎士郎先生である。尾崎先生はある時、「ウー、ウー、熊本に『美少年』という、ウー、ウー、いい酒がありますな」と云われた。

この「ウー、ウー」は尾崎先生がどもらないようにと言葉の最初につける発声準備音であるが、先生は少し都合の悪い時も、この「ウー、ウー」で済ませてしまわれた。つまり「ウー、ウー」としか云わないのである。そのほかには何の言葉も口にしないのである。あなどる勿《なか》れ、単なる発声準備音と。これでなかなか便利な音なのである。

そういう「美少年」であるから訪問しないわけにはいかない。（尤も尾崎先生はとくにこの「美少年」という言葉そのものに惚れられたかと思われるふしもある。）「美少年」の蔵では、緒方さん御一家が総出で歓待して下さった。工場も、これまでになくつい長い時間をかけて、綿密に見て廻った。それというのも緒方さん方に、ぜひよく見て貰おうという熱意のあるのが感じられたからである。純粋酵母短期培養、商品化している美少年酵母、清酒の屋外貯蔵タンク等々いろいろと新機軸を出している。むろん例の如く唎《き》き酒をさせていただいたが、酒の味の方はよく解らなかった。唎き酒で酒を唎き分けるなどということは、所詮素人にはむりである。帰りは少し時間もあったので、緒方御一家の関係のあるニュー・スカイ・ホテルの最上階のグリルで少々飲み喰いをして、夕方熊本駅から博多へ向い、博多の板付空港で機上の人となり、東京には夜十時過ぎに帰着した。

　九州には馴染が深いので、酒といえばわざわざ思い出そうとしなくても「天山」、「万代」、「窓の梅」、「花の露」、「有薫」などという名前が口を衝いて出てくる。つい近年知った酒には、大分（熊本かな）の「八鹿」という地酒がある。九重高原の九重レイク・サイド・ホテルに泊った時、どういう因縁でか洒落た特製の白磁の徳利に入ったのをいくつか貰って博多に帰り、博多で友人と一緒に飲んだが、この酒はよかった。

　九州の酒を云う場合には、焼酎にも言及しなければならないが、焼酎は殆ど飲んだことがなく、わずかに肥後の球磨焼酎、鹿児島の焼酎の存在を知るにとどまる。

　さて、こう書いてくると、東北の旅も、九州の旅も、朝から酒浸りになってでもいたように受け取られるかも知れないが、昼間酒杯を手にすることは私の場合極めて稀であって、たとい飲んだとしても二ツ猪口、三猪口位のものである。酒は夜しか飲まない。横綱審議委員会は、各場所毎に場所の前後二回開かれるが、場所前の委員会の前にはどこかの部屋で稽古を見て、それから協会の方々を交えて昼食をともにする。その席に酒が出る。ある時うっかりその席で本式に飲み始めて大醜態をさらしたことがあった。昼の酒は怖い。ひどく酔うので、昼間は出来るだけ飲まないようにしている。地酒の旅でもやはりそうで、飲もうと思ったら、大きな酒桶がずらり並んでいる酒蔵のことであるから、いくらも飲めた筈であるが、昼間の酒はつつしむという建前から殆ど飲まなかった。では、夜は飲んだかというと、夜は飲んだが、何かお勤めで飲むというような工合なので、どうも平素虚心に酒を飲んでいる時のようには行かなかった。地酒を味わう旅などはするものではない。そう悟った。

「いつの間にか東京へ着いて、中央線の電車に乗り換へて、市ケ谷駅で停まった時左様ならと云って、私だけ降りて、貧相な気持で家へ帰って来た。」

　右は内田百閒の『特別阿房列車』の最期であるが、旅を終えて自分の家へ帰って行く者の気持を描き尽して剰すところがない。誰でも旅を終えて家へ帰って行く時には、奇態に「貧相な気持」になるものらしい。四月某日、日曜日の夜遅く羽田空港に着いて、うちへ帰って行った私も、また例外ではなかった。何となく貧相な気持がするので、うちへ帰ってきてから、いつものように台所の椅子に腰を下ろして、その「貧相な気持」を払拭しようと、家人に命じて一本つけさせた。

いつ、どういう風にして床に入ったか、この時もよく解らない。

後記

日常の会話の中では「食《く》う」「喰《く》う」という言葉は使うが、文章の中ではこの言葉はどうもあまり使いたくない。しかし「飲み食い」と云う場合、「飲み食べる」はおかしい。どうしても「飲み食い」になってしまう。

さてここに集められた各文章は、いずれも一度新聞なり雑誌なりに発表され、のちに私の随筆集のどれかに載せたものばかりである。中には二度の勧めではなしに、三度の勧めをさせられたという文章もあろうかと思う。出版社が私の既刊の随筆集の中から「飲み食い」に関するものを集めて本にしたいというので、こういう本が出来上った。

飲み食いで強く私の印象に残っているのは、故内田百閒先生の飲み方、食べ方である。ものをおいしく食べる、おいしく飲む、その食べ方、飲み方を私は内田先生からいろいろと教えていただいた。内田先生もそうであったが、私も何はどこそこの何でなければいかんというようなリゴリストではない。そうかと云って食べるものは何でもいいというのでもない。おいしいものがいいに極まっている。そしてそのおいしいものは私にとって段々少くなって行く。それが少し淋しい。

昭和丙辰　秋風の立ち始めた日

高橋義孝

◉解説――

たかが食べ物ごときで、実に甘美な愉しみ

許 光俊

それはまだ、日本中の小さな駅前にも本屋がいくつもあるのが当たり前だった時代のこと。狭い通路の両側には文庫本の棚がそびえたっていて、片側は日本文学、もう片側は外国文学というのがお決まりの配列だった。

今は、珍しくもここには本屋があるぞと喜んで入ってみると、なるほど文庫本の数は山をなすほどだけれども、外国文学の名作を見つけることは難しくなった。カフカは？　カミュは？　それどころか、シャーロック・ホームズはどこ？　日本人はどんどん内向きになっていると痛感させられるしかない。愚にもつかないドメスティックな作家は驚くほど大量に並べられているのに、外国文学の巨匠はすみっこに少々。ことさら外国から学ぶことなどないという見当違いの傲慢さの、これは表れではないと

言えるのか。

さて、明治期以来、外国文学の翻訳には、実に大勢の人たちが携わってきたわけだが、私が若かったころ、書店で見かけることがもっとも多い訳者の名前が「高橋義孝」であった。岩波文庫よりもおしゃれな新潮文庫で、ゲーテ、カフカ、トーマス・マン、フロイトといった有名な著作家を一手に引き受けている印象を受けた。もちろんそのうちのいくつもが、大学生協で購われて、今も私の書棚にある。

この高橋義孝なる人物が、横綱審議委員会の重鎮であることを知ったのもそのころ。ん？　日本は物質的に豊かになったものの、まだまだ野蛮な遅れている国で、だからもっと西欧の著作を読まないといけないと少なくともみなが信じていた時代において、相撲などはまさに未開の地の野蛮な娯楽の典型であり、だからこれに熱中する若者などほとんどおらず、各地の大学の相撲部からは部員が消えて消滅の危機が叫ばれていた。西欧近代の文芸や感性を熟知している人が、その相撲の権威とはいかにも奇異だった。

高橋義孝の遺した膨大な翻訳は、今でも書店で見つけることができる。相撲の件を覚えている人もいるだろう。同時に、彼は食べたり飲んだりのエッセイを恐ろしくたくさん書いていた。原稿依頼をする人がいたということになる。待ち時間の暇つぶしといえば、本や雑誌を読むのがもっぱらという時代だった。

そのエッセイは、しかしながら現代の私たちが連想する類の、おいしいおいしくないという話ではない。ガイドブックなど存在せず、行列ができる店の情報も発信されず、素人が味に点数をつけようなどとは皆目思わなかった時代の、今にしてみればきわめてのどかな飲食の風景が綴られている。

何しろ、この文学者にとって、最高にうまい酒とは、国技館の升席でゆったりと相撲を観戦しながら、呑み続けるものだと言ってはばからないのだ。横綱が登場するころあいになると、すっかり酔っ払って、誰が勝っても負けてもどうでもよくなってくる。それがいいのだと。むろんこれは味の問題ではさらさらない。私はこれを読んで、こんな人間に飲食のエッセイを書かせるのもおおらかならば、こんな人間を審議会の委員長に据えるのもおおらかだと思った。おおらかついでに言えば、本書には日本交通公社（現在のＪＴＢ）の企画で、日本各地の地酒巡りをした際の話が記されているが、著者にはまともな取材をしようという気などいっさいなかったようで、むやみといろいろなことを忘れている。忘れた、と書くことが恥ずかしくないようなのである。

21世紀も相当進んだ、つまり高橋義孝の時代から半世紀ほど経った今となっては、こういうゆるい感覚はいったい何なのだろうと不思議に思う。表裏がなさそうなところが好感を得ていたのか。偉い学者は何をしても許されたのか。いや、実は物書きには案外あることだが、ここに書いてあることは、一種の韜晦に過ぎず、知っているのに知らない、憶えているのに忘れたと書いているだけのことか。そうなのかもしれない。食べたり飲んだりにむきになるなど、野暮なこと。「先生、どれがおいしいお酒なんでしょう?」「おまえのような若い者は、すぐにそう聞きたがるから困る。酔ってしまえばどれだって同じだよ。相撲を見ながら味もわからなくなるくらい飲むのが最高の酒だ」「先生がそうおっしゃるなら、その通りなのでしょう。私も心がけます」と台詞仕立てにしてみれば、あっ、これはまさにゲーテ『ファウスト』に出てくる対話のようではないか。

食い物は、しょせん食い物である。昔の人は自分の近所、手の届く範囲内で、気楽にうまいまずいと言っていた。わが身と釣り合わぬような高級店にがんばってデートで行ってみようとは考えなかった。現在では世界中でもっとも多くのミシュランの星を持っている都市、東京でも、かつてはそれが当たり前だった。高橋義孝のエッセイから漂ってくるのは、そんな牧歌的な時代の匂いである。そして聞こえてくるのは、たかが食べ物ごときで大騒ぎしなさんなという、野暮をたしなめる声である。

そして、気楽なエッセイの中に、学者らしいフレーズはほとんど姿を現さない。何でも説明したがる学者・評論家といった人種としては珍しい。本書を読む限りでは毎日浴びるように酒を飲んでいた人が、いったいいつ仕事をしたのだろうと不思議な気持ちになるが、そうだ、昔の人にとって、自分がどれだけ仕事をした、がんばって勉強をしたとアピールするのはカッコ悪いことなのだった。

昔のエッセイを読んで、もうとっくに忘れていた感性や風景が蘇ってくる錯覚に酔うのは、ある程度年齢のいった読者にとっては、実に甘美な愉しみである。それはまさしく三ツ星レストランで味わうようなえり抜きの美味ではなく、そこらにあったような素朴なうまいもののような、懐しい味。

（ドイツ文学者・音楽評論家）

＊本文庫は、高橋義孝『飲み食いのこと』（ゆまにて、一九七六年九月刊）を底本とし、改題したものです。

蝶《ちょう》ネクタイ先生《せんせい》の飲《の》み食《く》い談義《だんぎ》

二〇二四年 二 月一〇日 初版印刷
二〇二四年 二 月二〇日 初版発行

著　者　高橋義孝《たかはしよしたか》

発行者　小野寺優
発行所　株式会社河出書房新社
〒一五一-〇〇五一
東京都渋谷区千駄ヶ谷二-三二-二
電話〇三-三四〇四-八六一一（編集）
〇三-三四〇四-一二〇一（営業）
https://www.kawade.co.jp/

ロゴ・表紙デザイン　粟津潔
本文フォーマット　佐々木暁
本文組版　株式会社ステラ
印刷・製本　中央精版印刷株式会社

Printed in Japan　ISBN978-4-309-42084-4

ウー、うまい！

高峰秀子　41950-3

大食いしん坊でもあった大女優・エッセイスト高峰秀子の、国内外の食べ歩きや、うまいもの全般に関する食道楽の記録・随筆オリジナルアンソロジー。ササッとかんたんから、珍しい蛇料理、鳩料理まで。

私、ホント食いしん坊なんです

高峰秀子　41988-6

生誕百年記念企画。大食いしん坊大女優・エッセイスト高峰秀子の、国内外の食べ歩き、食道楽の記録・随筆オリジナルアンソロジー。うまいものあるところどこまでも。例えばカレーの妙味は大らかな自由！

ロッパ食談　完全版

古川緑波　41966-4

タン・シチュウ、ハムバーグ、トンカツ、牛鍋……。「しんから、僕は、食べ物が好き」と語り、戦後日本の街をさっそうと歩きながら美食を極めた昭和の喜劇役者・ロッパさんの真骨頂食エッセイ。新装版。

こぽこぽ、珈琲

湊かなえ／星野博美 他　41917-6

人気シリーズ「おいしい文藝」文庫化開始！　珠玉の珈琲エッセイ31篇を収録。珈琲を傍らに読む贅沢な時間。豊かな香りと珈琲を淹れる音まで感じられるひとときをお愉しみください。

ぱっちり、朝ごはん

小林聡美／森下典子 他　41942-8

ご飯とお味噌汁、納豆で和食派？　それともパンとコーヒー、ミルクティーで洋食派？　たまにはパンケーキ、台湾ふうに豆乳もいいな。朝ごはん大好きな35人の、とっておきエッセイアンソロジー。

ぷくぷく、お肉

角田光代／阿川佐和子 他　41967-1

すき焼き、ステーキ、焼肉、とんかつ、焼き鳥、マンモス!?　古今の作家たちが「肉」について筆をふるう料理エッセイアンソロジー。読めば必ず満腹感が味わえる選りすぐりの32篇。

こんがり、パン

津村記久子／穂村弘 他　41982-4

パリッ。さっくり。ふわふわ。じゅわぁ。シンプルなのも、甘いのも、しょっぱいおかずパンもバラエティ豊かなパンはいつもあなたのそばにある！　今日はどれにしようかな。パン好き必読のおいしい40篇。

ぐつぐつ、お鍋

安野モヨコ／岸本佐知子 他　42022-6

寒くなってきたら、なんといっても鍋！　ひとりでもよし、大勢でもよし。具材や味付けもお好きなように！　身も心もあったまる、バラエティ無限大のエッセイ37篇。

季節のうた

佐藤雅子　41291-7

「アカシアの花のおもてなし」「ぶどうのトルテ」「わが家の年こし」……家族への愛情に溢れた料理と心づくしの家事万端で、昭和の女性たちの憧れだった著者が四季折々を描いた食のエッセイ。

パリっ子の食卓

佐藤真　41699-1

読んで楽しい、作って簡単、おいしい！　ポトフ、クスクス、ニース風サラダ…フランス人のいつもの料理90皿のレシピを、洒落たエッセイとイラストで紹介。どんな星付きレストランより心と食卓が豊かに！

魯山人の真髄

北大路魯山人　41393-8

料理、陶芸、書道、花道、絵画……さまざまな領域に個性を発揮した怪物・魯山人。生きること自体の活力を覚醒させた魅力に溢れる、文庫未収録の各種の名エッセイ。

温泉ごはん

山崎まゆみ　41954-1

いい温泉にはおいしいモノあり。1000か所以上の温泉を訪ねた著者が名湯湧く地で味わった絶品料理や名物の数々と、出会った人々との温かな交流を綴った、ぬくぬくエッセイ。読めば温泉に行きたくなる！

巴里の空の下オムレツのにおいは流れる

石井好子　41093-7

下宿先のマダムが作ったバタたっぷりのオムレツ、レビュの仕事仲間と夜食に食べた熱々のグラティネ――一九五〇年代のパリ暮らしと思い出深い料理の数々を軽やかに歌うように綴った、料理エッセイの元祖。

バタをひとさじ、玉子を3コ

石井好子　41295-5

よく食べよう、よく生きよう――元祖料理エッセイ『巴里の空の下オムレツのにおいは流れる』著者の単行本未収録作を中心とした食エッセイ集。50年代パリ仕込みのエレガンス溢れる、食いしん坊必読の一冊。

おなかがすく話

小林カツ代　41350-1

著者が若き日に綴った、レシピ研究、買物癖、外食とのつきあい方、移り変わる食材との対話――。食への好奇心がみずみずしくきらめく、抱腹絶倒のエッセイ四十九篇に、後日談とレシピをあらたに収録。

小林カツ代のおかず道場

小林カツ代　41484-3

著者がラジオや料理教室、講演会などで語った料理の作り方の部分を選りすぐりで文章化。「調味料はピャーとはかる」「ぬるいうちにドドドド」など、独特のカツ代節とともに送るエッセイ＆レシピ74篇。

おばんざい　春と夏

秋山十三子　大村しげ　平山千鶴　41752-3

1960年代に新聞紙上で連載され、「おばんざい」という言葉を世に知らしめた食エッセイの名著がはじめての文庫化！　京都の食文化を語る上で、必読の書の春夏編。

おばんざい　秋と冬

秋山十三子　大村しげ　平山千鶴　41753-0

1960年代に新聞紙上で連載され、「おばんざい」という言葉を世に知らしめた食エッセイの名著がはじめての文庫化！　京都の食文化を語る上で、必読の書の秋冬編。解説＝いしいしんじ